[ビジュアルで理解]

近代セールス別冊

取引先の現場の見方・聞き方マニュアル

業種別・営業店担当者のための
チェック事典

㈱経営教育総合研究所

JN189613

● 目　次 ●

●第３章●主な業種のトレンドを押さえる！ 71

第１章

現場の観察に欠かせない思考プロセス

▶執筆　㈱経営教育総合研究所　㈱早稲田出版
代表　山口正浩

①コンサルタントの思考プロセスを身につけよう

皆さんは、中小企業を訪問したときに、何を考え、どのような視点で現場を見ているだろうか。

経営コンサルタント（以下、コンサルタント）が、中小企業の工場や店舗などの現場を訪問するときは、将来の収益につながる中小企業の強みを見つけ、強みをさらに伸ばし、弱みを改善するためのポイントを考えており、そのポイントを、中小企業の経営者に分かりやすくアドバイスしている。多くの方が、コンサルタントのように現場を見て経営者にアドバイスをすることは難しいと思っているかもしれないが、コンサルタントの思考プロセスを身につけることで、中小企業でのコンサルティング経験がなくても、コンサルタントと同じような視点で現場を見て、経営者に的確で分かりやすいアドバイスができる。

それでは、コンサルタントの思考プロセスとは何だろうか。私自身は24歳の時に、資格試験に合格して、コンサルティング業界で仕事をするようになり、様々なクライアント企業を担当した。金融機関、食品メーカー、コンビニエンスストア、空調メーカー、化粧品メーカーなど、担当した企業のほとんどは、前職の仕事とは関連性がほとんどなく経験したことがない仕事ばかりであったが、ありがたいことに20年以上経った今でも、多くのリピートをいただいている。

このように経験がなくてもコンサルティングを続けられている最大の理由は、コンサルタントの思考である「具体→抽象→具体」の思考プロセスをマスターして使いこなしているからにほかならない。

②「具体→抽象→具体」の思考プロセス

「具体→抽象→具体」の思考プロセスとは、どのような思考プロセスなのだろうか。まずは、**次ページの図表**を見てみよう。

図表中の「①具体」とは「現場を視察したときに実際に見た状況」を指している。「②抽象」とは「知見（これまでに得た知識や経験）を軸にして検討すること」を指している。さらに、「③具体」は「経営者へのアドバイスや質問など」を指している。

まず、「思考プロセスA」では、現場を視察して実際に見た状況から、いったん抽象化せずに、気づいた点をすぐに経営者にアドバイスしている。一方、思考プロセスBでは、現場を視察して実際に見た状況から、すぐにアドバイスをするのではなく、いったんコンサルタント自身の知見と照らし合わせて検討してから、経営者へアドバイスや質問をしている。

一見、思考プロセスAのほうがスムーズなように思われるが、思考プロセスAで経営者に対して、的確なアドバイスをするためには、視察した企業の業界において、かなりの経験を積まないと難しい。また、アドバイス内容の偏りや漏れが生じるおそれがある。

図表　具体→抽象→具体の思考プロセス

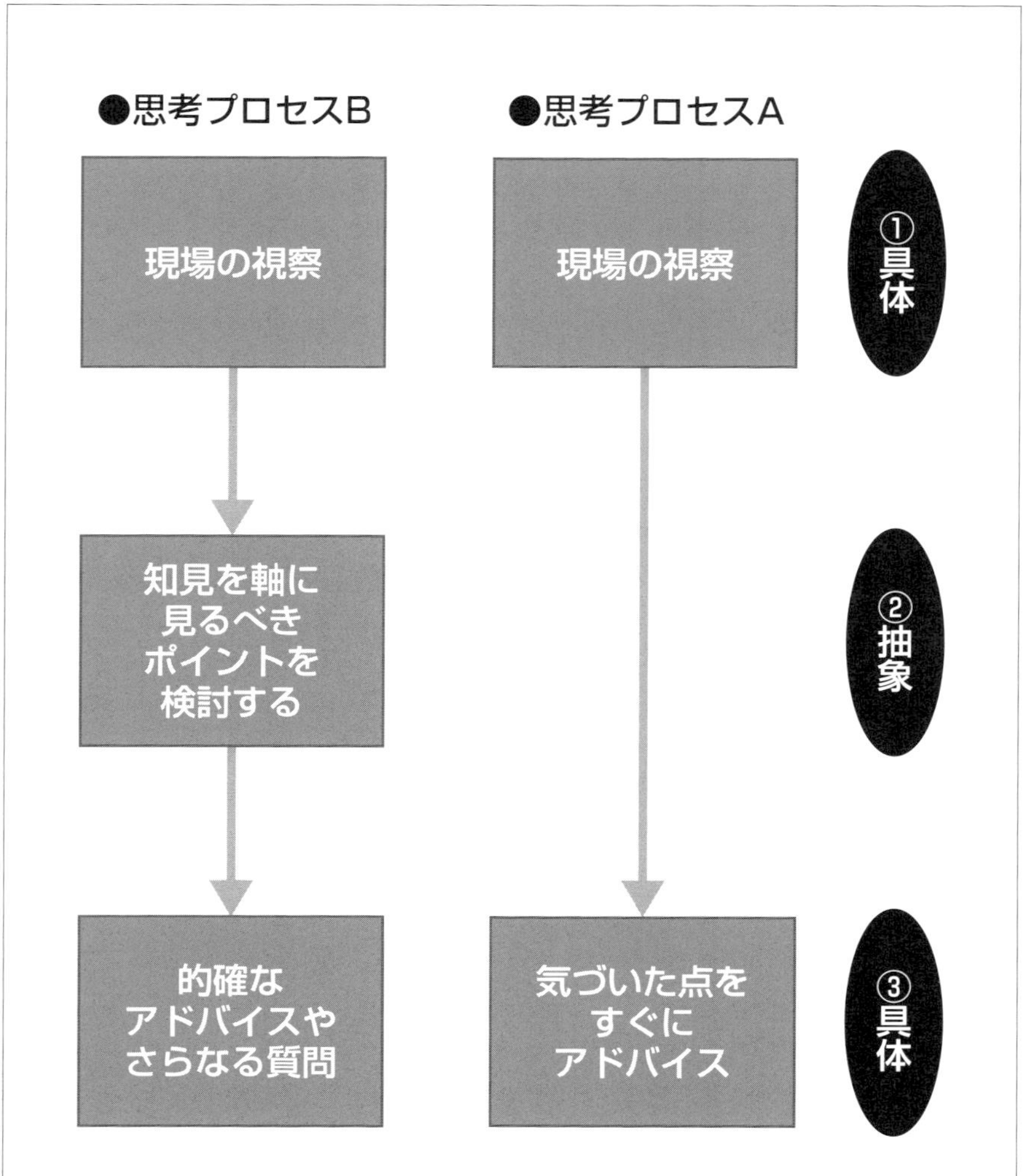

③「具体→抽象→具体」の思考プロセスの実践

本書の12ページから紹介している「①金属加工業」のケースをもとに、思考プロセスBを実践してみよう。

まず、「①具体」のステップで、現場を視察して実際の設備の配置をみる。次に「②抽象」のステップで、今まで得てきた知見を活かし、設備の配置が工程や作業順序と合っていることが大切なことや、合っていないことによりどのような運搬のムダや動作のムダが発生するのかを検討する。検討した結果、不具合が発生しているときには、最後の「③具体」のステップで、「設備を工程ごとにひとまとめにして、運搬のムダを防ぎ、材料等の不要な移動を減らして作業時間を短縮しましょう」といったアドバイスをする。

「①具体」と「③具体」の間に「②抽象」のステップがあることで、何をどう改善することにより、何が改善されるのかという、軸のしっかりした的確なアドバイスができる。さらに、加工途中の仕掛品が高重量で大きいことが見て分かったときには、「②抽象」のステップの運搬のムダの知識から、「どのように運搬していますか？」と質問し、さらなる運搬のムダの把握や改善へとつなげることができる。

「具体→抽象→具体」の思考プロセスを効果的に実践するためには、事前に抽象化された知見を蓄積していくことが必要である。知見を蓄積していくためには、現場での経験を積むことも必要であるが、コンサルタントが実際の現場をどのように見たり、経営者に質問したりしているのかをケースを通して学んでおくことや、業界動向をあらかじめ仕入れておくことが効果的である。

本書では、経営教育総合研究所の研究員（すべて中小企業診断士の有資格者）が、「具体↓抽象↓具体」の思考プロセスを軸にして、実際の中小企業の現場を視察する際の見方や聞き方を実践している。本書を活用し、皆さんが知見を蓄積して、中小企業の経営者との円滑なコミュニケーションを実践できれば幸いである。

㈱経営教育総合研究所　㈱早稲田出版　代表　山口正浩

▼本書の連動企画として、コンサルタント歴20年超、現在も第一線で活躍する山口正浩講師が、コンサルタントの「具体↓抽象↓具体」の思考プロセスを身につけるための「コツ」について動画で紹介します。下記のQRコードを、スマホで読み取り、講義をチェックしてみてください！
(http://waseda-pub.com/houzin)

第2章

【写真付き】こんな業種を訪れたらココをチェック！

① 金属加工業

- 作業工程に沿った設備等の配置で動作・運搬のムダを減らす
- 設備・作業手順上の配慮で作業員の事故を防げる

国内の中小金属加工業は競争力を高めるため、品質だけでなく、短納期対応に特徴を発揮している傾向がある。短納期対応を実現する現場の工夫を「設備等配置」「スケジュール管理」「安全への配慮」の点から見ていこう。

〈設備等配置〉

作業者の動く方向が一定でストレートか確認しよう。動く方向がバラバラで作業者同士が交差している場合、設備、機械、工具、材料（以下「設備等」）の配置と工程・作業順序が合っていない。配置が、材料搬入→切断→加工といった工程の順序と合っていると、作業者の不必要な移動等の「動作のムダ」や、材料等の不必要な移動といった「運搬のムダ」が減り、作業時間を短縮できる（写真①）。設備等を工程ごとにまとめ、工程・作業順序に合わせて配置すると、作業者や材料等の動線が交差や逆行せず最短となり、動作のムダ・運搬のムダを減らしやすい。原材料や仕掛品（加工途中のもの）に重量があり移動の労力・時間の負担が大きい場合は、設備等にコロ（車輪）を取り付けて、設備等を原材料や仕掛品の位置まで運搬することで「運搬のムダ」を減らすことができる。

〈スケジュール管理〉

「案件ごとの納期や作業の進み具合」を調整する定期的な進捗会議が開催されているか確認し

手前から奥に、材料搬入→切断→加工の工程順に設備と機械が並び、作業者はストレートに動ける

進捗会議を行い、計画と照らして案件・作業者ごとの状況を確認することで対応漏れや遅れを防ぐ

よう（写真②）。短納期対応を実現するためには、案件ごとの作業の進み具合や、案件・作業者ごとの作業予定などのスケジュール管理が必要である。これができていないと、「作業遅れ案件へのフォロー」「急な追加案件への予定納期設定」など、作業予定の調整が難しくなる。

進捗会議以外にも、普段から作業者とコミュニケーションを円滑にして、良好な人間関係を築くことで、厳しい作業予定に作業者が前向きに取り組めるよう配慮しているか。コミュニケーションが円滑であるほど、作業者の疲れ・心配事など作業能力に影響する事柄や、作業における問題点等をいち早く把握でき、スケジュール管理の精度向上にもつながる。

一方、良好な人間関係が築かれていないと、休暇不足や作業効率低下の把握遅れで、事故などが生じ、スケジュール管理の精度低下につながる。

〈安全への配慮〉

設備等配置やスケジュール管理の仕組みを構築しても、事故などにより予定どおりに作業が進まないと、短納期対応は難しい。圧力、熱、電気、鋭利な刃物、油などを使用し、危険が伴う金属加工業では、特に安全への配慮で事故を防ぐことが短納期対応につながる。

①設備面からの配慮

最初に、油などの材料類や工具が、４Ｓ（整理、整頓、清掃、清潔）が維持された状態で定位置にあるか確かめたい（写真③）。「工具はどこかにまとめていますか？」などと質問して、工具置き場を見せてもらうとよい。

工具が雑然と置かれれば、落ちたりぶつかったりする。また、切削油や動作油が工具や床に残っていると、手を滑らせたり床で転倒したりする可能性がある。工具が定位置にあれば、これらの事故防止になるほか、工具を探す時間の短縮にもなる。

次に、落下や飛散、巻込み等の危険がある設備・機械に、防護用の板や柵が設置されている

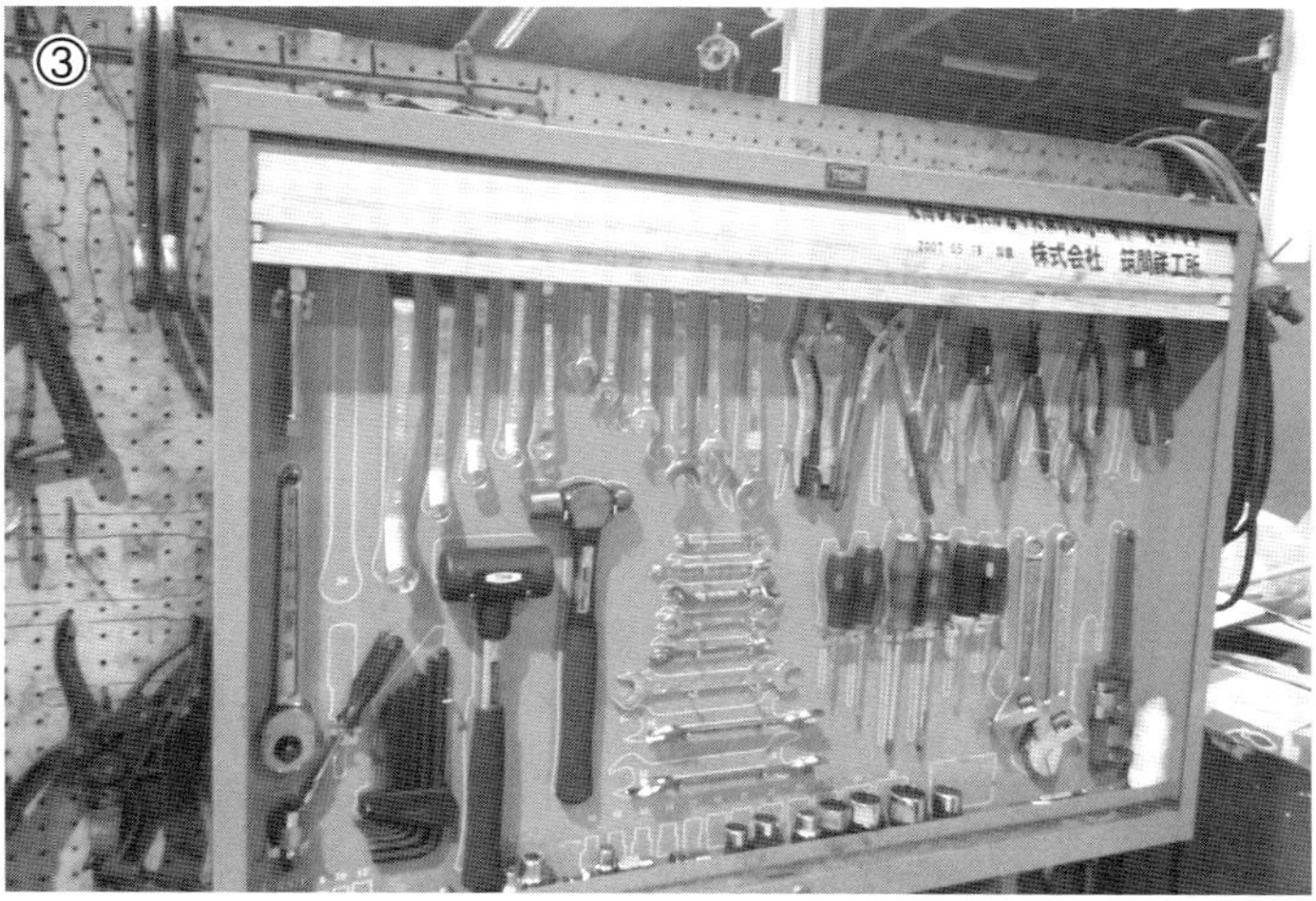

③

作業場所の近くに工具の置き場があるか、使っていない工具が乱雑に置かれていないか確認しよう

④

水・油が飛び散る箇所に透明な板を設置し、周囲や作業者への飛散を防ぐ

か確認しよう（写真④）。防護板や柵は、金属の粉や油の飛散から作業者を守るだけでなく、手の切断などの不慮の事故も防ぐ。

②作業面からの配慮

作業手順が設定されているか、ある場合はその中にグローブなどの保護具装着が定められているかが、作業面では重要だ（写真⑤）。慣れなどにより、保護具を正しく装着しなかったり装着を省略したりすると、思わぬ事故につながることがある。

朝礼や掲示などで、事故防止に対する作業者の意識付けをしているか確認しよう（写真⑥）。安全を呼びかける掲示物があるか、全員が保護具を正しく装着しているかを観察してみよう。「作業手順をどうやって徹底させていますか？」などと質問するのもよい。

安全な作業手順の周知徹底、ヒヤリ・ハット（事故にならなかったが事故につながりそうな状況）の共有、保護具の装着確認等により、安全への配慮を形骸化させない工夫が重要である。●

渡辺奈月　わたなべ・なつき
㈱経営教育総合研究所 研究員
ＩＴベンチャーのＩＳＯ事務局などを経て、通信事業者のプロダクト・マネージャーに。最前線でのＷｅｂマーケティングの知見と幅広い業務経験を活かし、小規模事業者の補助金申請等よろず相談に乗る。中小企業診断士、システム監査技術者、上級シスアド、情報セキュアド。

写真提供
株式会社筑間鉄工所／千葉県松戸市松飛台２１７／ＴＥＬ：０４７（３８７）４１８１

原材料や仕掛品を直接触る工程では、巻込みや切断などの事故に遭いやすく、保護具が必須になる

安全意識が反映される朝礼。可能であれば立ち会い、作業員の安全意識を確認しよう

②木材加工業

作業補助器具や材料管理で多品種・少量・短納期を実現

法令順守と事故防止装置で事故による作業停滞を防ぐ

木製の家具製品、小物や工業製品の梱包用の木枠を作る中小木材加工業では、注文ごとに材質や色、サイズなどが異なる多品種の製品を、少量・短納期で生産することが多い。生産する品種ごとに使用する木材や器具の交換で作業が停滞するため、多品種少量生産は停滞時間が長くなり、生産性が低下しがちだ。短納期であるため、加工ミスによるやり直しの時間も確保しにくい。

早く正確な作業で加工ミスを減らしたり木材のムダを防いだりすることによる生産性の向上が、多品種・少量・短納期の生産には必要である。一方で、事故発生は作業が長時間停滞する原因となるため、短納期には安全管理も必要になる。

〈生産性の向上〉

①治具《じぐ》の使用

治具とは作業補助具である。治具を使用する場合、作業員全員が早く正確な作業で加工ミスを減らしているといえる。確認するには「作業に治具を使っていますか?」と質問しよう。

組立作業を補助する治具。治具の出っ張った部分に材料を合わせて位置合わせする

材料の幅、長さなどサイズごとに分けて棚に保管されているため、材料の過不足が一目で分かる

材料同士を水平や垂直に位置合わせして組立作業を補助する治具（写真①）、真っ直ぐ穴をあける作業を補助する治具、材料の長さを一目で確認できる治具など、作業内容に応じて様々なものがある。治具を使用することで、熟練作業員以外でも早く正確な作業ができる。独自の

治具を開発して使っている場合は、早く正確な作業に対する意識が特に高い。

②木材管理

どの木材がどれくらいあるかが見て分かるように保管されているか観察しよう（写真②）。材料の幅・長さ・厚さによって木材が分類され、それぞれの量が一目で分かるように保管されていると、木材の過不足を早く正確に把握できる。これなら、過剰発注による木材のムダや、木材不足による作業停滞を防ぐことができる。

③注文情報の共有

人間が加工する割合が大きい中小木材加工業では、機械で大量生産する企業よりも、現場での急な作業遅れが発生しやすい。場合によっては、作業順序や人員配置を現場の判断で調整しなければならない。受注後に納期が短くなったり注文内容が変更されたりすることもあるため、確実に最新注文情報を共有する必要がある。朝礼や夕礼などで注文情報を現場の全員が共有していると、調整がスムーズになる。

「注文情報をどのように現場に伝えていますか？」と質問しよう。例えば、注文情報を現場に掲示する（写真③）方法なら、事務・営業スタッフから現場全体へ注文情報を確実に伝達できる。

④機械設備の管理者

短納期生産のためには、担当者を決めるなどして、機械設備のメンテナンスに気を配る必要がある。「機械設備の管理者を決めていますか？」と質問しよう。大きな機械設備に管理者の名前などが掲示されているかを観察してもよい（写真④）。使いたいときに機械設備が使えないと作業停滞や納期遅れの原因になってしまう。

〈安全管理〉

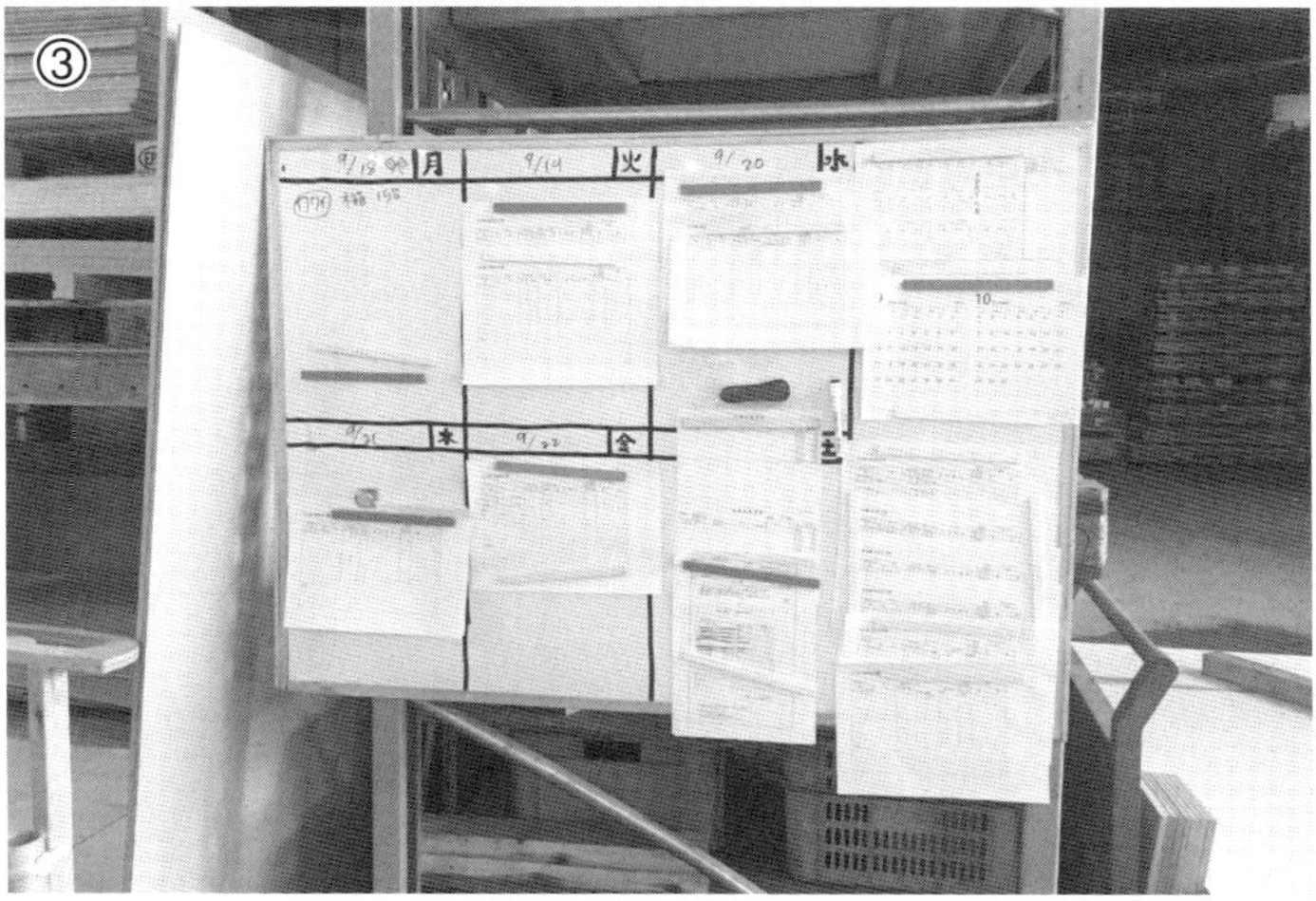

作業現場の管理表に取引先からの発注書が貼り付けられている。作業現場で作業を調整できる

機械設備に責任者の掲示を行うことで、掲示された者に機械設備の管理意識を持たせるねらい

事故防止用装置の取付けや安全管理の法令順守によって、事故による作業停滞や納期遅れ、社会的信用低下を抑える取組みを行っているかも確認しよう。

①事故防止用装置

「事故防止用の装置を取り付けていますか？」と質問しよう。幅のない材料を機械に自動で送ってくれるものや加工時の事故を防止するものなどがある（写真⑤）。加工内容に合わせてそうした装置を取り付けている場合、事故防止に取り組んでいるといえる。

②安全管理の法令順守

有機溶剤は引火性・可燃性があるほか、人体にも有害な物質が含まれる。これを取り扱う現場では、労働安全衛生法により、作業主任者を決めて掲示すること（写真⑥）が定められている。塗装作業を行っているようなら、「有機溶剤の作業主任者を決めていますか？」と質問しよう。ほかに、木材加工機械を多く使う現場でも、作業主任者を決めて掲示することが定められていることがある。

鈴木篤史 すずき・あつし

経営教育総合研究所　研究員

製造業を中心に、新規事業企画、マーケティング調査、資金繰り改善といった企業支援に取組む。税理士や弁護士など専門家とのネットワークを活かし、事業譲渡などM＆A案件にも携わる。中小企業診断士。1級ファイナンシャル・プランニング技能士。

写真提供

株式会社山一木研／静岡県浜松市中区高丘西1－5－3／TEL：053（436）1871

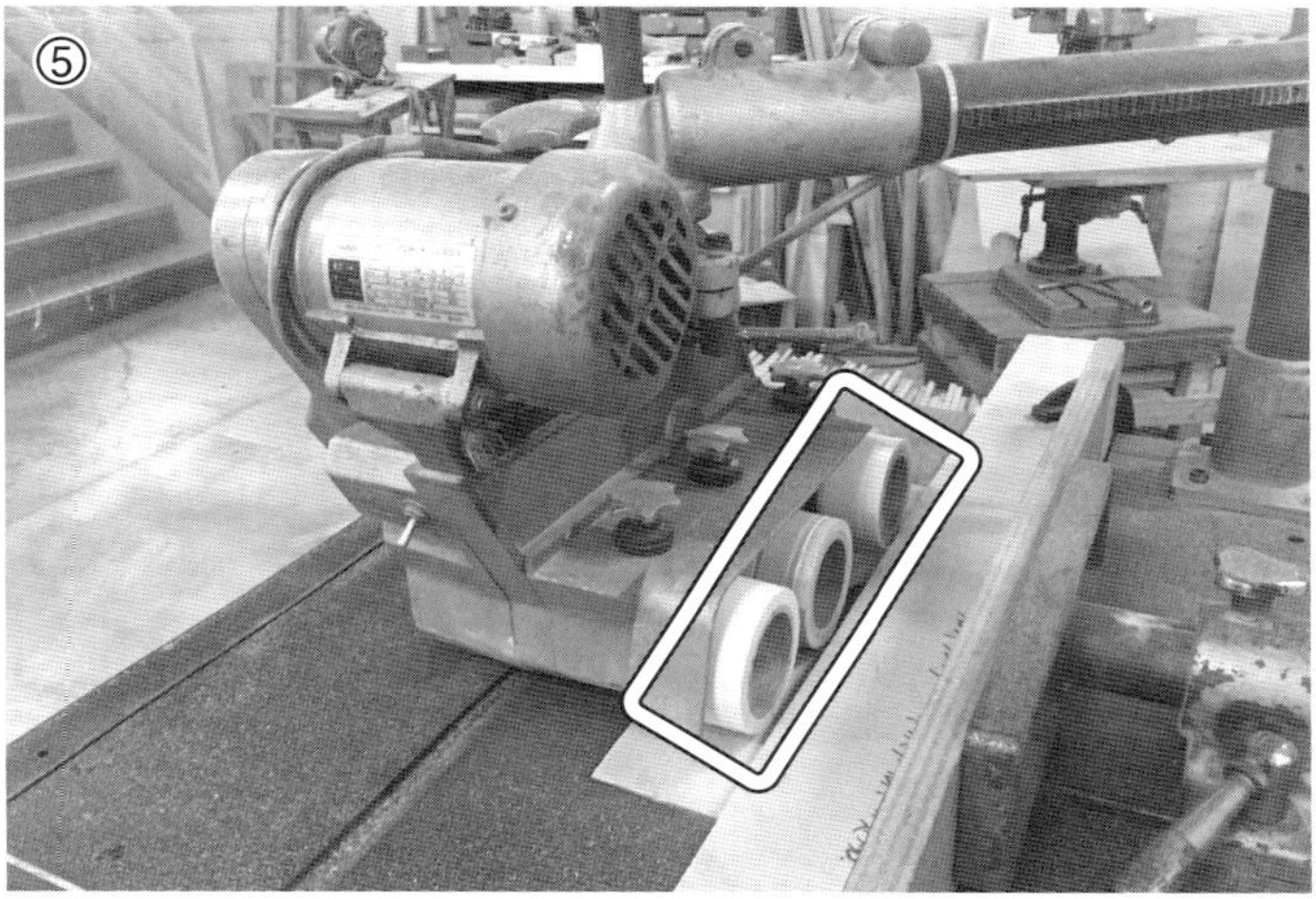

作業中の事故を防止する装置。ローラーにカバーを取り付けてモノが巻き込まれないようにする

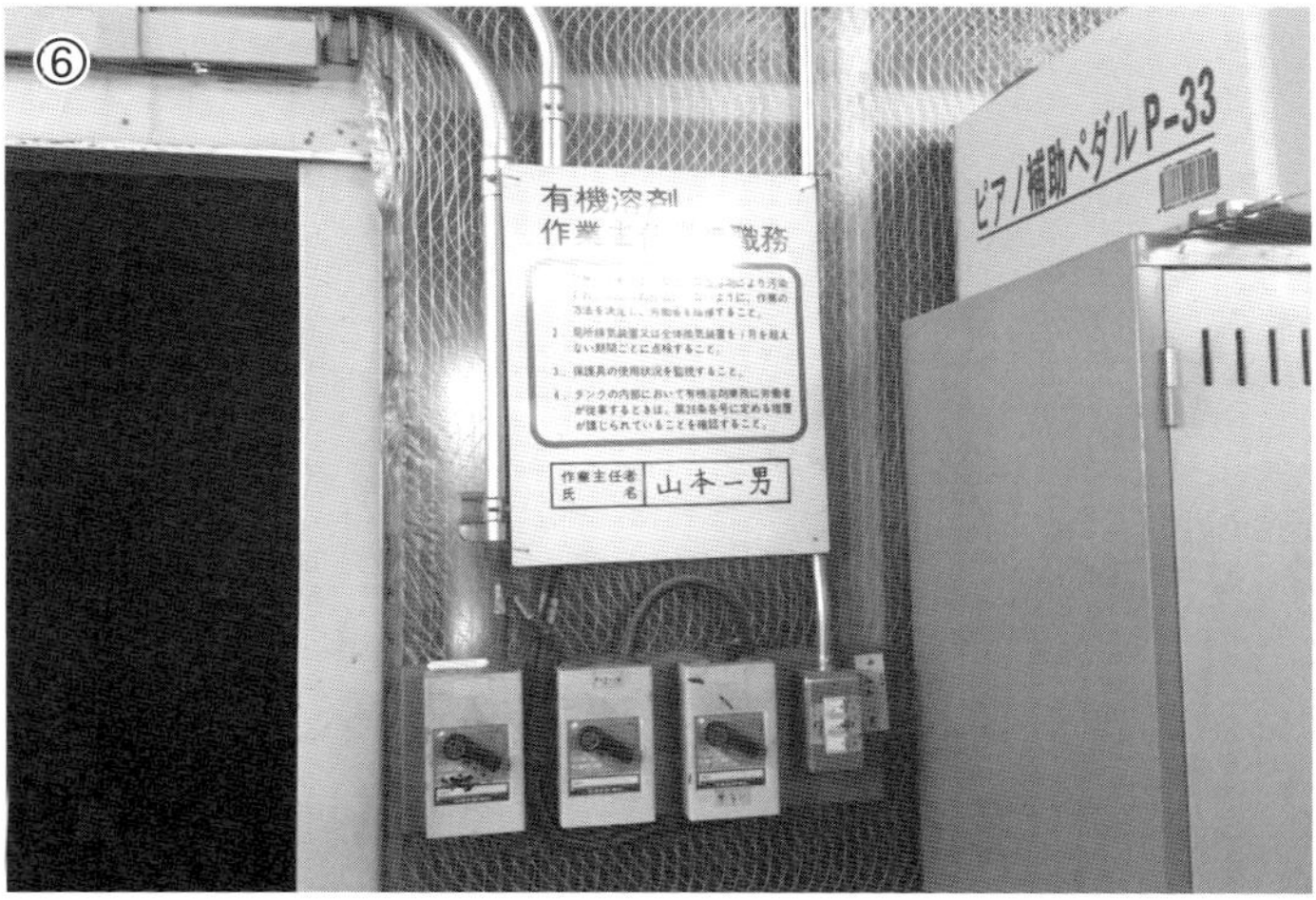

有機溶剤作業主任者の掲示。見やすい位置に掲示されているか、氏名が分かるかまで確認しよう

③ シール・ラベル印刷業

- デジタル印刷機等で工程を短縮し短納期を実現
- 製品サンプルや特許証等を展示して受注拡大を図る

シール・ラベル印刷業において、多量生産する製品は、一般的に生産能力の高い大手に受注獲得の機会が多い。多くの中小事業者は、「安定した品質の製品を短納期・少量生産する」ことで大手と差別化し、受注を確保している。

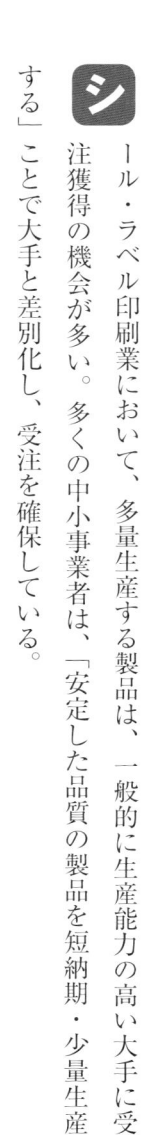

生産現場では、高品質や短納期、生産コスト抑制を課題とすることが多い。シール・ラベル印刷の品質は設備性能への依存度が高いため、今回はそれ以外の、設備や作業員の「生産性向上」による短納期対応と、品質や在庫の「可視化」による生産コスト抑制対応に着目する。

〈設備の生産性〉

①設備の配置

作業員が一定時間同じ設備で作業しているか、移動方向が同じであるか観察しよう。設備は、製品別や工程別など、生産状況に応じて使う順序で近くに配置されることが望ましい。作業員が設備間の往復を繰り返している場合、使う順序に配置されていないことが多い。使う順序に配置され、設備間の距離が短ければ、作業員の移動が円滑になり、生産性が向上する（写真①）。

②デジタル印刷機

デジタル印刷機を所有しているか質問しよう。デジタル印刷機は印刷する元版を制作する

設備間のムダなスペースを排除して、作業員の移動を円滑にすれば、生産性は向上する

デジタル印刷機などの最新設備は、外観も操作方法もシンプルで配置自由度や操作生産性が高い

「製版」の工程が不要で、製品完成までの時間を短縮できる。印刷内容の変更が容易であるため、短納期・少量生産実現に役立つ（写真②）。

〈作業員の生産性〉

①作業員一人の設備操作数

一人の作業員が複数の工程で設備操作できるか、質問しよう。複数の工程で設備操作できる場合、一つの製品を生産するのに投入する作業員を減らせるだけでなく、工程間での作業の引継ぎが不要になり、作業員の生産性が向上する（写真③）。一つの製品の生産へ投入する作業員数が減れば人員に余裕ができ、緊急生産や注文変更があった際にも対応しやすくなる。

②技術向上の取組み

作業しながら熟練作業員が指導するＯＪＴなど、熟練作業員のレベルまで全作業員の技術を向上させる取組みも欠かせない。熟練作業員にしかできない技術があると、熟練作業員がほかの作業をしている間はその技術を要する製品の生産が滞り、全体の生産性が低下する。

〈品質の可視化〉

①展示スペース

実際の製品を見られる展示スペースがあるか観察しよう（写真④）。展示スペースでは、見込客や既存客に、製品の特徴や品質、競合製品との違いを具体的に説明できる。製品のイメージが伝わりやすく、新規顧客開拓や既存顧客の受注拡大が期待できる。受注拡大で生産量が増えると、製品一つあたりの生産コスト抑制が可能となる。

②特許権などのライセンス

特許権などのライセンスを取得しているか質問しよう。展示スペースがある場合、登録証などが掲示されているか観察することもできる（写真⑤）。ライセンスなどで製品の特徴や競合

作業員が複数の工程で設備を操作できると、急な受注や数量変動などへの対応に効果的である

展示室では、製品を視覚的に確認できるため、品質等についてのイメージを掴みやすい

製品との違いを明確化することで、新規顧客の開拓や既存顧客の受注拡大が期待できる。

〈生産の可視化〉

①計画や進捗の把握

情報システムの活用や定期的な社内会議などにより、作業計画やその進捗を可視化し、作業員が把握できていることが、無駄削減には有効である。作業員が「いつまでに何をやるか」「全体の作業が計画どおりに進んでいるか」を把握できていれば、優先度の低い製品の前倒し生産や、作り過ぎなどによる生産コストのムダを抑制できる。

②在庫の把握

リピート製品や印刷資材の在庫保管場所や数量も聞いてみたい。その際は実際の在庫を見学できるとよい（写真⑥）。質問に即答できた場合、在庫を把握できている。在庫を可視化して保管場所や数量を把握していると、「在庫不足で緊急の注文に対応できない」「売れない製品や使えなくなった資材がある」などの理由による生産コストのムダを抑制できる。●

岩田 岳 いわた・たけし
㈱経営教育総合研究所 研究員
主に製造業や卸売業の経営戦略、マーケティングに関するマネジメント提案等を中心とした企業支援に従事。その他、中小企業に対する営業推進支援や助言、各種補助金申請の相談および支援、執筆などで活動する。中小企業診断士。

写真提供
㈱大東マーク工業／東京都墨田区東墨田2－17－9／TEL：03（6657）2530

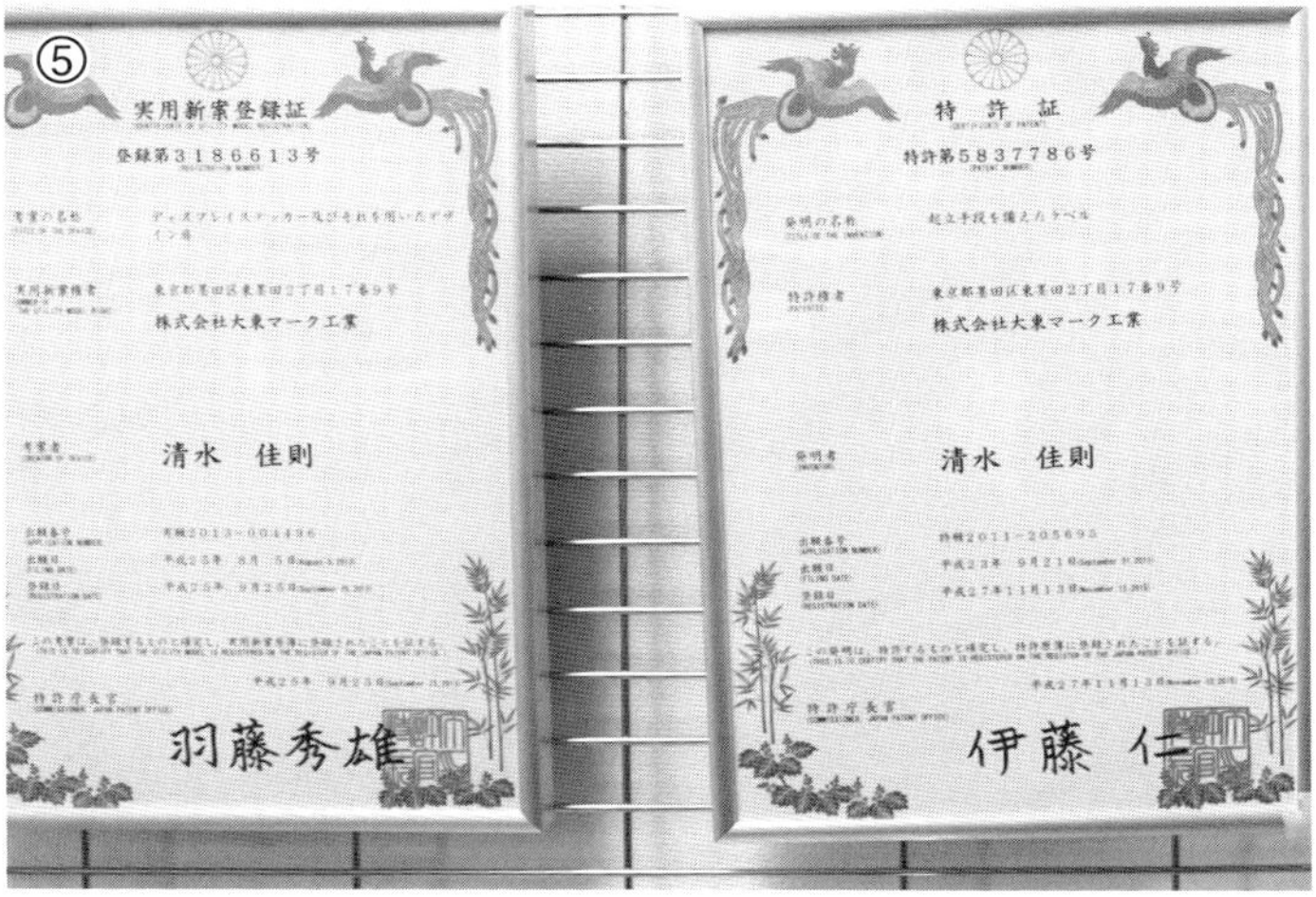

ライセンスなどを保有していることで、製品の特徴や競合製品との違いを可視化できる

整理棚やプラスチックケースを活用することで、製品別に在庫の管理場所や数量が把握しやすくなる

④ 食肉加工業（精肉店）

一人ひとりに合わせた対応で地域から愛される店を目指す
店内の情報共有と交流でムダ削減を推進

従業員が少なく店舗も小さい、いわゆる町の精肉店を経営する中小の食肉加工業（以下「精肉店」）。彼らが地域に愛され続けて生き残るためには、来店客とのコミュニケーションによって、一人ひとりの要望や課題にきめ細かく対応して、再来店してもらう集客が不可欠である。従業員が少ないことで、来店客との間や店内でのコミュニケーションが円滑になれば、要望や課題にきめ細かく対応しやすくなる。今回は、「来店客とのコミュニケーション」「店内のコミュニケーション」「効率化の工夫」で地域に愛され続ける精肉店の現場を見ていこう。

〈来店客とのコミュニケーション〉

①お得意様

現在のお得意様である高齢者世代と、未来のお得意様である子育て世代の課題にバランスよく対応することで、地域に愛され続けるお店に成長できる。お得意様の顔と名前を憶え、名前を呼んで会話すると、お得意様との会話が増える（写真①）。店がお得意様のことをどれだけ把握しているかは、「お得意様はどんな課題や要望を持っていますか？」と質問して確かめよう。お得意様と販売以外の会話があるか、お客様アンケートがあるか、などを観察するのもよい。

お得意様やその子どもの名前を憶えておくと、会話が弾み、要望や課題のヒントが集められる

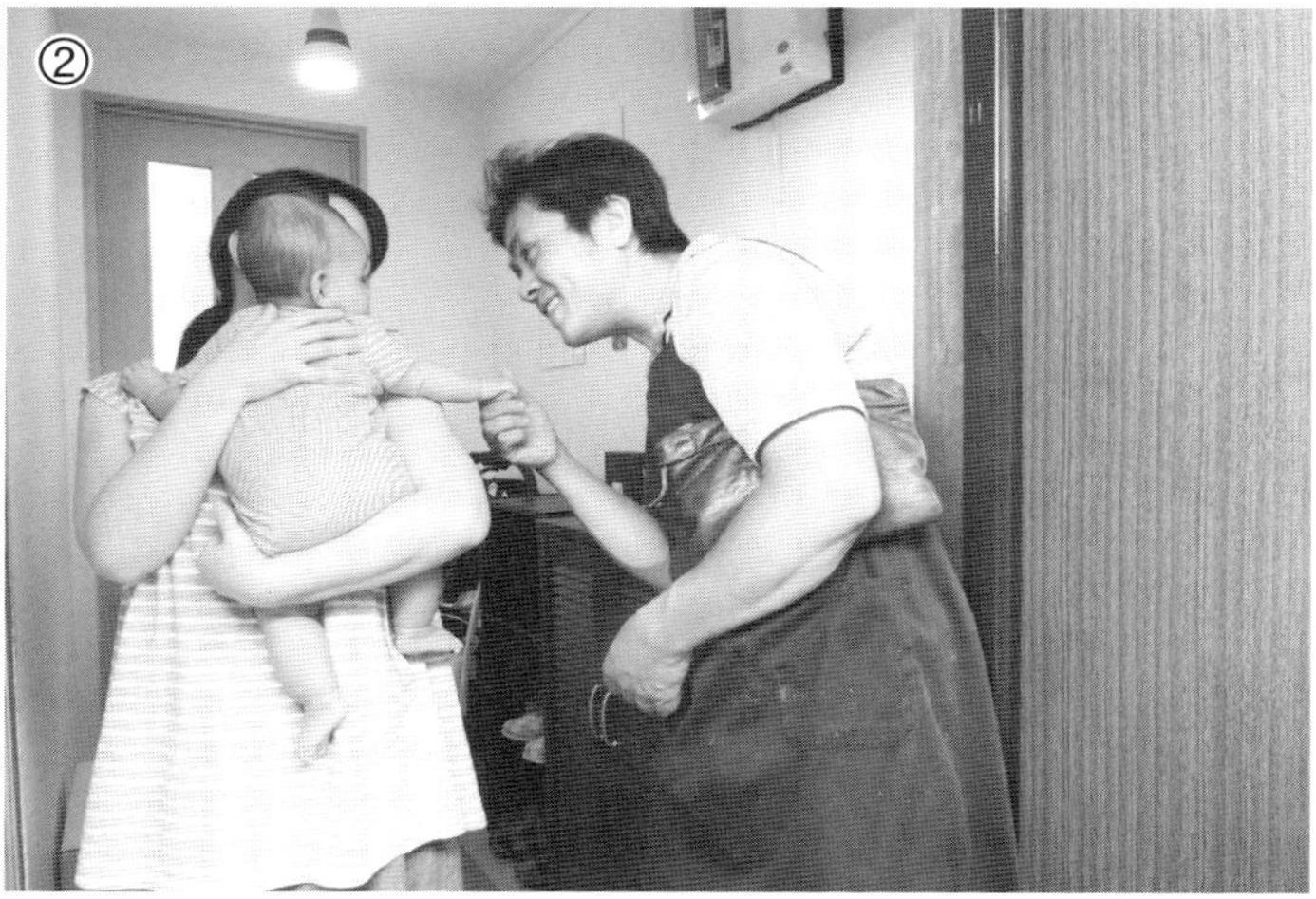

子育て世代への御用聞きで、未来のお得意様にもきめ細かく対応している

買物や外出が大変という課題の高齢者世代や子育て世代には、御用聞き（宅配）やお弁当の配達など対応しているか（写真②）。自転車で来店時の駐輪に困るという課題には、店舗前に駐輪スペースを設け、従業員が駐輪のお手伝いをするなど対応しているか（写真③）。ほかにも、価格や脂身のカットなど精肉の要望に対応しているかなどで把握の程度を確認できる。

②オリジナル商品

「オリジナル商品はありますか？」と質問しよう。完全手作りの総菜や弁当、サンドイッチなど特徴あるオリジナル商品は、お得意様維持や新規来店客獲得につなげやすい（写真④）。

③地域イベント

地域イベントへの参加など、新しい顧客を獲得する工夫があるか質問しよう。夏祭りや子育て応援などの地域イベントで、割引券の提供や特徴のある総菜販売をすることは、自店を知らない・来店していない人に自店を体験してもらうチャンスになる。

〈店内コミュニケーション〉

①情報共有

売上目標や注文を従業員全員が確認していれば、お互いのスケジュール調整やムダな業務の削減がしやすくなる。定期的なミーティングやインターネットを利用したコミュニケーションによって、売上目標や注文情報を全員が確認しているか質問しよう（写真⑤）。ミーティングの場や従業員全員のためのライングループがある場合は、その日の売上目標や注文を確認しているかも質問するとよい。

②担当間の交流

総菜や弁当を扱っている場合、定期的に従業員の試食会があるか質問しよう。特に来店客と接する販売担当者や配送担当者の意見も取り入れ、全員で新商品に責任を持つようにする。

自転車でも来店しやすくすることで、広い地域のお客様が商品を持ち帰りやすくなる

地域の情報を入れたオリジナル商品。パックにすると手土産用や宅配用でも販売しやすい

〈効率化の工夫〉

①作業中の工夫

総菜や弁当を扱っている場合、一箇所に留まって盛り付け作業しているか観察しよう。同じ動作を繰り返す盛り付け作業などは、移動せずに一人でまとめてやると、速く正確に行える。弁当箱を縦置きにすると、移動せずに盛り付けられる数が増え、効率化につながる（写真⑥）。

②仕入の工夫

市場直送や一頭買いなど、安く仕入れる工夫をしているか質問しよう。市場直送で産地を限定して明示すると、「○○牛の店」など独自の特徴にできるだけでなく、食肉の安心・安全に関心を持つお客様に産地情報を伝えられる。一頭買いの場合、希少部位を取り扱うことが特徴にもなり、希少部位の説明や調理レシピを配布することでお客様とのコミュニケーションを深められる。●

宇野顕吉　うの・けんきち
㈱経営教育総合研究所 研究員
食品会社を経て畜産生産会社の営業職に。経験を活かした環境保全型農業の推進など環境保全や、経営改善の提案等に努めている。中小企業診断士、1級販売士。

写真提供
三谷牛肉店／市川市八幡3-25-15／TEL：047(323)1129

従業員のミーティング。売上目標や注文を皆で確認すれば、お互いに協力する姿勢も生まれる

弁当の盛り付け。弁当箱の長辺を前後にした縦置きにすると、動かずにより多くの弁当箱に盛り付けできる

⑤飲食業（カジュアルレストラン）

- クチコミで紹介しやすいよう特徴を絞り込む
- 来店客の店への愛着を強めて常連客に進化させる

豊富な資金と広い店舗を持つ大手チェーン飲食業は、平均的な味と豊富なメニューで、広い客層に飽きられない〝全方位型〟の集客を行うことが多い。

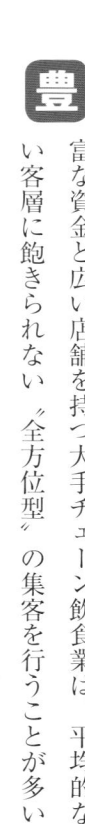

一方、資金や店舗面積で劣る中小飲食業がとる対抗策としては、〝集中型〟の集客が考えられる。客層や〝売り〟のメニューなど店の特徴を絞り込んでクチコミで紹介してもらい、それに共感して来店した顧客を常連客に進化させるものだ。今回はこの集客方法を「特徴の絞込み」「顧客の獲得」「常連客への進化」の3段階でみていこう。

〈特徴の絞込み〉

①〝売り〟のメニュー

率直に「売りのメニューはどれですか？」と質問しよう。その店でしか食べられないものに絞り込むと店の特徴が明確になり、知り合いやネット上にクチコミで店を紹介しやすい。

売りのメニューが分かったら、それが看板やメニュー表の目立つ位置に書かれているか、メニューの特徴や写真が店内に掲示されているかを観察しよう（写真①）。クチコミされた情報を店内で発見すると、初来店でも安心して売りのメニューを注文しやすい。

②客層

これも単刀直入に「どんな客層を意識していますか？」と聞いてみるとよい。意識する客層

人は上から下の順に情報を見る。一番上に売りのメニューを配置すると選ばれやすくなる

荷物の多いファミリー層や女性層が食事に集中できるように、荷物を入れるカゴを用意しておく

と売りのメニューの特徴、店づくりが合致していることが大切である。

例えば、ファミリー層を意識する場合、子どもの喜ぶメニューや盛り付け、ドレスコードの廃止などが考えられる。女性の客層を意識する場合、多くなりがちな荷物を入れるカゴの用意や（写真②）彩り豊かな盛り付け、広くて綺麗な化粧室なども大切になる。

〈顧客の獲得〉

特に初来店の顧客には、迷わず楽しい時間を過ごしてもらい、再来店につなげたい。

①見つけやすさ・入りやすさ

店の近くを通ったとき、飲食店であることや、売りのメニューなどがすぐに分かることが重要だ。看板・外壁に掲げられた店の名前や料理の種類が、車道を挟んだ反対側の歩道や数件手前など、少し離れた位置から確認できると見つけやすいといえる（写真③）。

店の外から中の様子が分かるかも確認したい。初来店の顧客は、入口から中の様子が分かるほうが入店しやすい。

②客人数に合わせた席

一人客とグループ客のどちらが多いか質問しよう。一人客が多い場合、カウンター席を設けると、より多くの一人客に対応できる。グループ客が多い場合は、同じつくりで移動可能な二人テーブル席を多くすると、四人席・六人席などグループに合わせた柔軟な席づくりがしやすい（写真④）。柔軟な席づくりで、「次回は大人数で利用したい」という予約にも対応しやすい。

③追加注文

食事を終えた客のテーブルには皿が残っていないほうがよい。食後のお喋りなど楽しい時間を過ごせると、再来店の可能性が高まる。食後の皿を速やかに下げることで、ドリンクやデザートを追加注文しやすくなる。着席したままそれらのメニューが分かるようにしておくこと

店舗の名称や料理の種類が、少し離れた位置から確認できる店は見つけやすい

移動可能な二人テーブル席。人数に合わせて移動すれば大人数に対応でき空席も減らせる

も、追加注文を増やす工夫である（写真⑤）。

〈常連客への進化〉

顧客を常連客へ進化させるには、店への愛着を強めることだ。

①顧客との会話

営業時間中に通りかかったら、スタッフと顧客が笑顔で会話をしているか観察しよう（写真⑥）。顔馴染みになった顧客は、店に愛着が湧き、常連客へ進化する可能性が高まる。雑談だけでなく、メニューのこだわりを説明して食事をより楽しんでもらったり、店への要望を聞いて運営に反映させたりするなど、店への愛着が一層強まるように会話する。

②ショップカード

「店を思い出せる配布用のショップカードはありますか？」と質問しよう。ショップカードを手に取る顧客は、店に良い印象を持った常連客候補といえる。名刺サイズなら持ち歩きやすく、カードを見て店を思い出す回数が増え、愛着も強まる可能性が高い。●

渡辺奈月 わたなべ・なつき
㈱経営教育総合研究所 研究員
ＩＴベンチャーのＩＳＯ事務局などを経て、通信事業者のプロダクト・マネージャーに。最前線でのＷｅｂマーケティングの知見と幅広い業務経験を活かし、小規模事業者の補助金申請等よろず相談に乗る。中小企業診断士、システム監査技術者、上級シスアド、情報セキュアド。

写真提供
マイヨジョーヌ／千葉県千葉市中央区弁天1－24－1／ＴＥＬ：043(307)1505

⑤

座席近くに掲げられたデザートメニュー。楽しい時間を止めずに、追加注文をしやすくする

⑥

笑顔で日常会話をしながらメニューの感想や店への要望を聞くようにしている

⑥ 個人経営喫茶店

店ならではの演出・こだわりが来店してもらう動機に
明るく丁寧な接客もリピーターを生む

大手チェーンやコンビニエンスストアのコーヒーテイクアウト、コーヒーマシンの普及で、自宅や職場でも美味しいコーヒーが楽しめるようになった。そうした中で経営する個人経営喫茶店には、「その店ならではの演出」による、顧客が来店するきっかけづくりが必要だ。来店客に「明るく丁寧な接客」をして、通ってもらえるようにする――そのためには、「来店しやすい店づくり」も必要である。

〈その店ならではの演出〉

①おすすめメニュー

「おすすめメニューの特徴は何ですか?」と質問しよう。豆の種類や挽き方にこだわったコーヒー、素材を厳選した手作りスイーツ、お得感のある軽食、写真を撮りたくなる見栄えの良さなど、自宅や職場では実現が難しいものならば、来店するきっかけになる。

おすすめメニューは、入口や座席から見やすい位置に掲示しているか、黒板などに手書きしているかも観察したい。手書きにすると、その店の特徴を表現したり、ひと手間がかけられた特別感を演出したりできる。

　季節限定や日替わりのサービスメニューがあるかも観察しよう。「今の季節だけ」「今日だけ」のメニューを作り、定番メニューに飽きさせない演出は、店に通うきっかけになる。

カウンター席の前に置かれたサイフォン。プロの技術による抽出を目の前で楽しめる演出

店内開催のシャンソンのライブ。毎月のイベントは新規顧客を呼び込むきっかけとなっている

②空間の演出

カウンターなど来店客から見える位置で専用器具を使ってプロがコーヒーを抽出することや、香り、音なども店ならではの特徴といえる（写真①）。

③イベント開催

定期的に何かイベントを開催しているか聞いてみよう。皆で楽しい時間を過ごす場所としての演出は、店に無関心だった新規顧客が来店するきっかけになる。「イベントが開催される」「共通の趣味を持つ仲間と一緒」という安心感により、「初めての飲食店に入るのが不安」という人が来店しやすくなる。今回取り上げた老舗喫茶店は、併設したスタジオでシャンソン教室を開くほか、月に数回、店内でシャンソンライブを開催して、音楽に興味を持つ人や教室の生徒が来店するきっかけを作っている（写真②）。

〈明るく丁寧な接客〉

①明るい声かけ

顧客に明るく声をかけているか観察しよう。入店、注文、配膳などの際に顧客の目を見て笑顔で「いらっしゃいませ」「こんにちは」「お待たせいたしました」などと声をかけると、好印象を与えられる。帰り際にも「ありがとうございました」と笑顔で見送り、好印象を重ねると「また来たい」という気持ちの喚起につながる。

②丁寧な会話

顧客との会話でどんな話題が多いか、顧客との話題となる情報を収集しているかを質問しよう。スタッフが顧客の話を聞いて丁寧に会話する店は、好印象を与えて、「また話したい」という長期的な来店（リピーター）につながる（写真③）。

顧客の目を見て、適切な相づち・質問をしながら丁寧に会話するには、様々な話題について

明るい笑顔の接客は、親しみやすく会話も弾む。スタッフとの会話を楽しみにする常連客も多い

ビルの入口に設置された電子看板。通行人にも地下の店内の様子が分かって入店しやすくなる

日頃から情報収集が必要になる。会話から顧客の名前や好きなメニューなどを把握し、再来店時の話題にすることも好印象を与える。

〈来店しやすい店づくり〉

①安心して入れる外観

店の前を通るとき、写真や電子看板などで視覚的に店内の様子が分かるか観察しよう（写真④）。店の前からでも把握できると、安心して入れる外観といえる。

②清潔感のある内観

店の壁や床にホコリが目立っていないか、客席の調味料などが整理整頓されているか確かめよう。内装やテーブルなどにこだわりがあっても、清潔感がなければ台無しである（写真⑤）。トイレの清潔感も観察しよう。設備や周囲に汚れがなく、芳香剤や生花で香りにまで配慮するトイレは清潔感があるといえる（写真⑥）。

堀越あかり　ほりこし・あかり
経営教育総合研究所 研究員
地方自治体において税務、労働分野等の業務を経験。現在は、政策研究や法務に関する事務に従事している。中小企業診断士。

写真提供
カフェ ミワ／千葉県市川市市川1－9－2　青山ビルB1F／TEL：047－326－9827

床や壁がきれいに磨かれ、清潔感がある。やわらかな照明と木の温もりで落ち着きを感じさせる

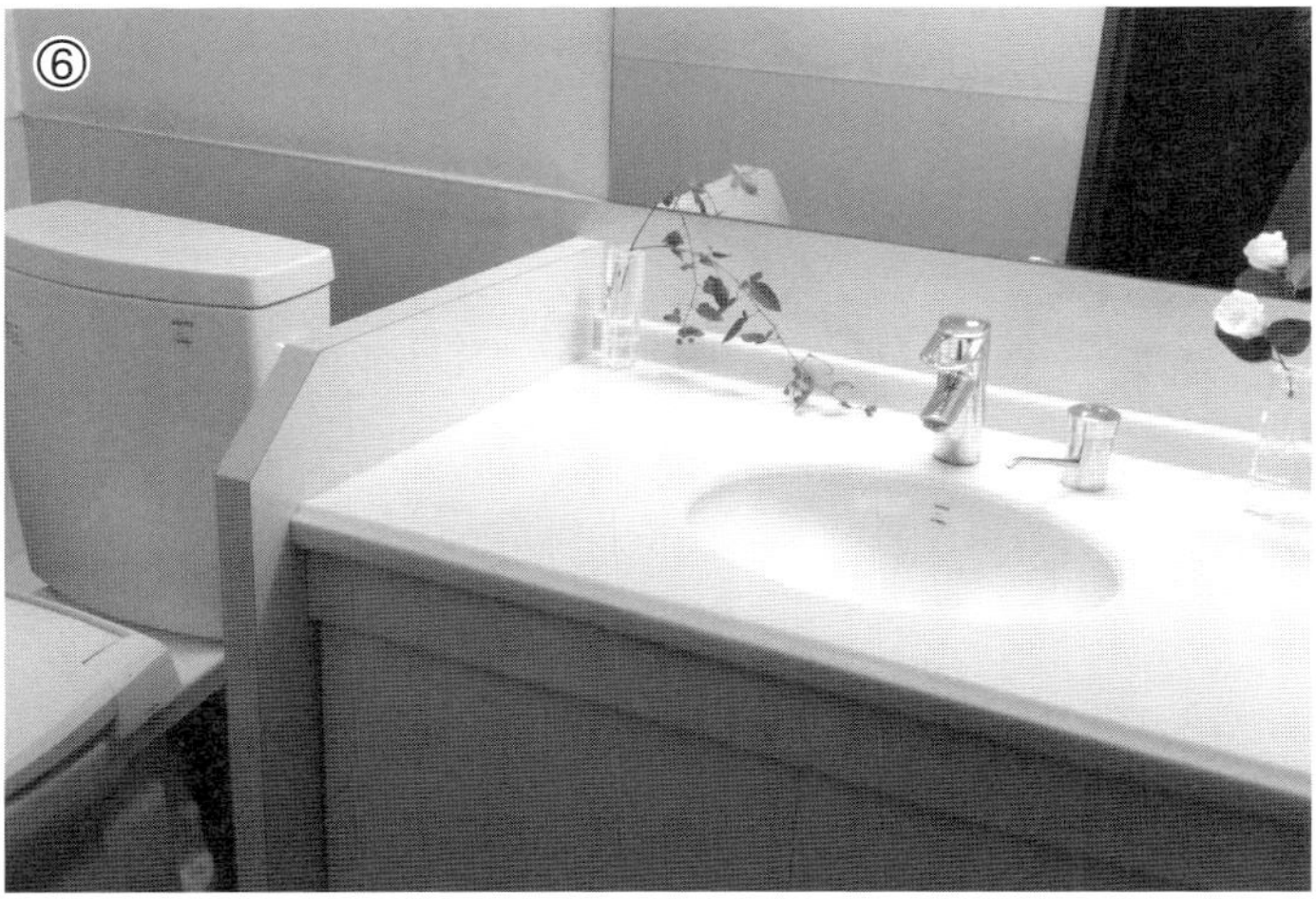

清掃が行き届いたトイレは清潔感がある。生花で季節の移ろいや新鮮さも感じさせる

⑦ 収益用不動産業

- 良い印象を与え新規客との成約率を高める
- 既存客からの信頼を高めリピーターを増やす

収益用不動産業は、賃料などの収益を得る目的で購入する賃貸マンションやテナントビルなどの投資用不動産を扱う。購入者自身の居住用物件を扱う実需用不動産業よりも、成約後に顧客がリピーターになる可能性が高い。

自ら来店することが多いリピーターは、新規客を開拓するより営業コストが低く、増えると経営が安定しやすい。そのためには、新規客のときから良い印象を与える必要がある。さらに、成約した新規客と成約後もコミュニケーションを続けることで、リピーターになる。内部の仕組みを整備するなどの準備も必要だ。

〈新規客への印象〉

リピーターを増やすためには、新規客の印象を良くして、最初の成約を得る工夫が必要だ。

①丁寧な説明

物件のデメリット情報まで説明しているか質問しよう。物件の詳細情報やコスト、損益シミュレーション、金融機関の融資情報などを分かりやすく伝えるだけでなく、自社に不利な情報まで丁寧に説明する姿勢が良い印象につながる。言葉遣いに気を配ったり、必要に応じてタブレット端末を使ったりすることも説明を分かりやすくする（写真①）。

②エントランスの高級感

専門的知識も分かりやすいよう、タブレット端末を使ったり資料を作成したりして説明する

第一印象が成約を左右するため、エントランスの高級感や清潔感を意識している

エントランス（入口）に高級感があるか観察しよう（写真②）。取扱金額が大きい収益用不動産業では、金額に見合った高級感を顧客が求めている。

③許可証の掲示

自社への信用を高めることも好印象につながる。各種許可証が、エントランス近くの、すべての来店者から見える位置に掲示されているか確認しよう（写真③）。

〈成約後のコミュニケーション〉

リピーターを増やすためには、成約後の継続したコミュニケーションの工夫が必要である。

①リーシング営業

成約後の物件に入居者やテナントを紹介するリーシング営業は、不動産投資家である既存客にとってニーズがある。リーシング営業の状況や成約物件の詳細情報をこまめに報告することで信頼を高められるので、リーシング営業を実施しているか質問してみよう。

②継続的な情報発信

インターネットやニュースレターなどを使って非公開物件の連絡や不動産関連のセミナー告知など、継続的に情報発信をしているか質問しよう（写真④）。次の投資用不動産を探している既存客に継続的に情報発信することで、自社の存在感を高め、リピーターを増やす。

〈内部の仕組み〉

リピーターを増やすには、情報を継続的に発信することも重要だが、既存客にとって魅力的でなければ意味がない。その説明は丁寧で、内容は専門的知識や正しい情報に裏付けられたものでなければならない。既存客や新規客からは見えない内部の仕組みに工夫が必要である。

①非公開物件情報の収集

非公開物件情報を収集しているか質問しよう。不動産業者のネットワークを駆使して、魅力

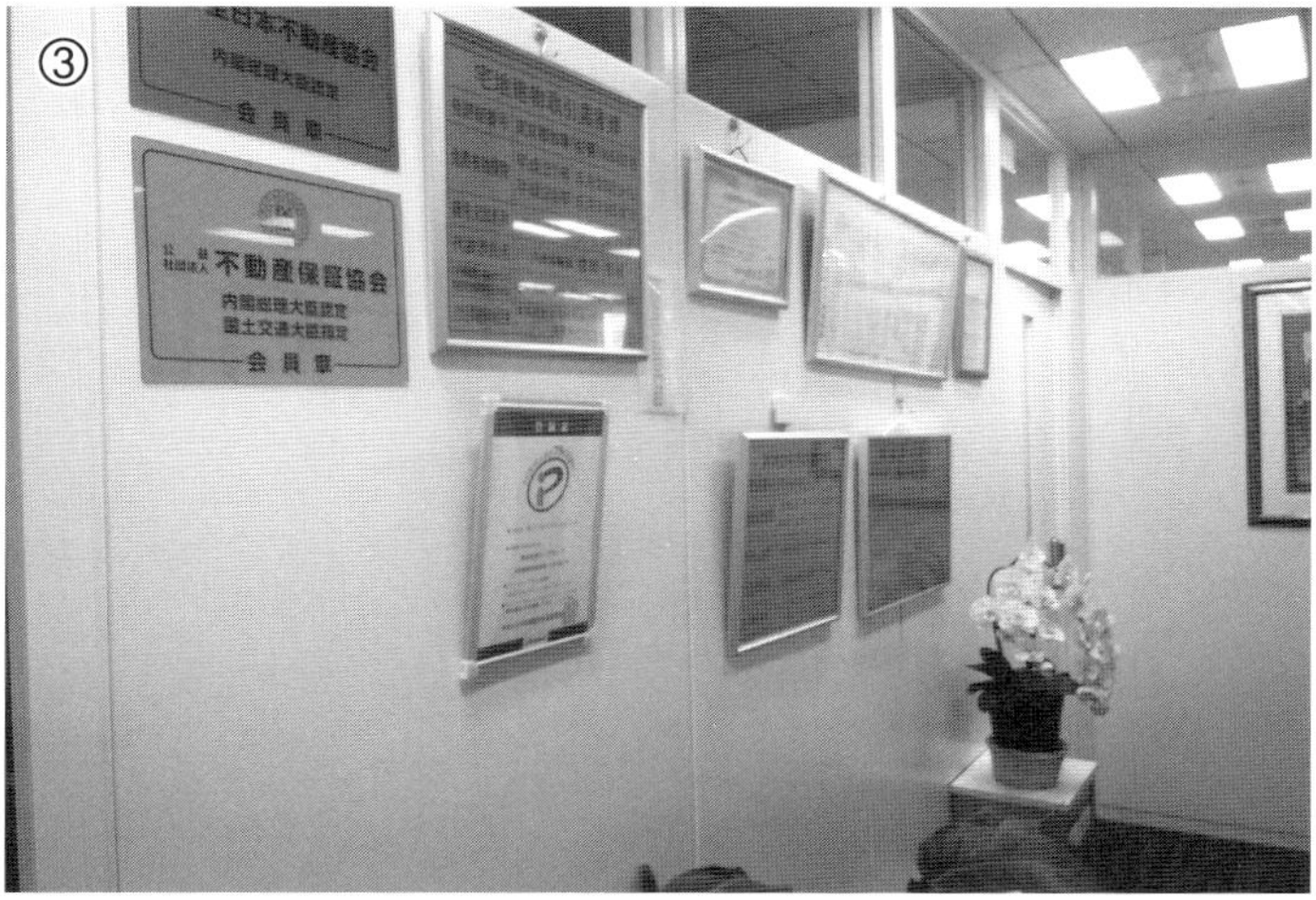

各種許可証を掲示することで、特に新規客から信頼度が高まる

リッチロード通信 ～第75号～ 2017年9月

■■この「リッチロード通信」は、私たちと何かのご縁があったかたにのみ、差し上げている通信誌です。■■

◆経営企画室・情報システム部の谷村永実です！◆

こんにちは！経営企画室・情報システム部の谷村永実（えみ）です。今回は、私の自己紹介をさせていただきます。何卒、よろしくお願いいたします。

私は、2016年4月1日に中途で入社いたしました。もともと、大学を卒業後、女性でも長く働ける仕事をと思い、雑貨やバック、インテリアの販売の仕事をしておりました。新卒1年目は三越で、2年目は銀座の路面店で販売をしていまして、仕事自体はとてもやりがいがありましたが、将来のことを考えたときに実際に今伸びているWebに関する仕事をしたいという気持ちが強まり、転職をすることに決めました。

そして、Web関係の仕事を探していたときに、たまたま見つけた求人がリッチロードの経営企画室でのWeb業務でした。不動産業界の中でインターネットの活用は先駆者と言いますか、パイオニア的な存在で、ここならWebに関しても最先端のことに関われると思い、完全に畑違いでしたが応募し、縁あって昨年入社。入社後は、Web関連の仕事だけでなく、Pマーク取得の事務局や、今は新卒採用の担当などもやっており、いろいろ任せてもらえて、とてもやりがいを持って仕事ができています！

ちなみに、そんな私の趣味はヨーロッパ旅行です。大学生のときにイタリアとフランスに行き、そこで魅了されてしまいました。とくにヨーロッパの歴史を感じる建物、街並みが好きで、昔の人も同じ風景を見ていたのだろうなぁと思いをはせながら楽しんでいます（笑）。ちなみに、これまでイタリア、フランス、ドイツ、オーストリア、スペイン、ベルギー、オランダ、チェコ、ハンガリーと行きましたが、一番のお気に入りはドイツのローテンブルク。（ぜひ検索してください！）おとぎ話に出てくるような街並みで、私の夢はローテンブルクに住むことです（笑）。ここは観光地ですが、そこに住んでいる日本人も見かけましたので、いつか叶えたいと思っています。こんな私ですが、どうぞよろしくお願いいたします！

◆今月のリッチロード◆

開発・競売事業部では現在、組織強化ため、スタッフの増員を実施しています。当部署のメイン事業である「買取り・バリューアップ・再販」事業を今後弊社の柱の一つへと成長させることを目指しています。

着々とスタッフも増え、現状では二課・8名体制となっています。おかげさまで、買取り検討案件もどんどん増えてきました。

各部署と連携し、買取らせていただいた物件をバリューアップさせ、リッチロードブランドの商品として会員の皆様へお届け（→裏面へ）

（続き→）いたします。

人数が増えることにより、物件情報も豊富になり、アイデアもたくさん生まれてきています。ぜひご期待ください！（開発事業部　主任　宮島）

④

Q:「最新の融資市況に関して教えてください」

A：アパートローン（パッケージ）が主力の金融機関に関しては、変更はほぼ無く、条件にあてはまらない方でも融資が出ていたのが、若干難しくなったくらいのようです。地銀・信金に関しては、フルローンから 80%～90%融資へ、物件の評価を積算評価から収益還元評価に変更、融資対象者を営業エリアに限定、融資対象物件の範囲を縮小、融資期間最長47年、法定耐用年数を超えた融資期間の延長、物件評価の掛目を撤廃等が見受けられました。全体的に条件が厳しくなりましたが、融資の組立がしっかりできている金融機関は積極的に動いていますし、ブームに乗って参入した金融機関がお上に注意され引いてしまったような気がします。詳細は、是非個別相談をご利用ください。

（不動産コンサルティング事業部　係長　鈴木）

BANK

◆発行者コラム◆

こんにちは、代表の徳田です。みなさまいかがおすごしでしょうか。今回も最後までお読みいただきまして、本当にありがとうございます。感謝申し上げます。

来年10名の学生さんのご入社が決まっているのですが、そのご両親へのご挨拶まわりが始まりました！分布図で行きますと、埼玉6名、栃木1名、神奈川1名、兵庫1名、沖縄1名です。当社は沖縄とはご縁が深くて、2014、2017年にもご入社いただいておりますので、せっかくですから（？）グルっと3組のご両親にご挨拶して来ようと目論んでおります。とても楽しみです！

先日お会いした学生さんのお祖父様は、なんと！不動産業界の草分け的存在の方で、戦後の日本の復興にまつわる、たくさんのお話を聞かせていただきました。ものすごくワクワクして、元気と勇気をたくさんいただきました！感謝です！学生さんのご家族にお会いしますと、責任の重みをしみじみ感じますし、改めて、自分たちの会社を振り返る良い機会になります。有り難いです。徳田

■本通信誌をご希望されない方は、大変お手数ですがお名前を書いてそのままご返信くださいますようお願い致します■

お名前　　FAX番号 0120-27-8324

【発行者プロフィール】
株式会社リッチロード　代表取締役社長　徳田里枝
1956年東京生まれ。79年武蔵野女子大学（現武蔵野大学）卒業後、劇団の研究生や喫茶店経営を経験。2000年にリッチロードを設立。

【発行元】
株式会社リッチロード
〒163-0231　東京都新宿区西新宿2-6-1　新宿住友ビル　31階
TEL 0120-27-8323（03-6161-1555）　FAX 03-6161-1556
営業時間 10時～19時　定休日 毎週水曜日
HPは、リッチロード と、検索していただけると出てきます！

徳田 里枝

写真やイラストを使って、文字だけの情報より記憶に残りやすい工夫をしている

的な非公開物件情報を収集し、いち早く発信する仕組みによってリピーターを増やせる。

②営業担当者の状況把握

マネージャーが営業担当者一人ひとりの状況を把握しているか質問しよう。定期的なミーティングや業務中のコミュニケーションなどで、マネージャーは各営業担当者の状況を把握。専門的知識や正しい情報に基づいたアドバイスによって、営業担当者は、専門的で正確な情報を丁寧に分かりやすく説明したり、魅力的な情報を発信したりできるようになる（写真⑤）。

③情報システムの活用

営業上必要な情報をデータ化し、関係者が参照・再利用できるシステムを活用しているか質問しよう（写真⑥）。例えば、説明資料が再利用できると、後日似た内容を説明するときの準備業務を短縮できる。営業担当者一人ひとりの状況とマネージャーからのアドバイスをデータ化して関係者が参照できるようにすれば、ミーティング業務を短縮できる。短縮した時間を成約後のコミュニケーションや良い印象づくりに使えば、リピーターをさらに増やせる。●

鈴木健夫　すずき・たけお
㈱経営教育総合研究所　研究員
経営戦略・財務会計を中心とした、中小企業の経営診断・経営支援に従事。その他、事業承継支援、創業支援、執筆にも携わるなど幅広く活動を行っている。中小企業診断士、不動産証券化協会認定マスター。

写真提供
株式会社リッチロード／東京都新宿区西新宿2−6−1　新宿住友ビル31階／TEL：0120−27−8323

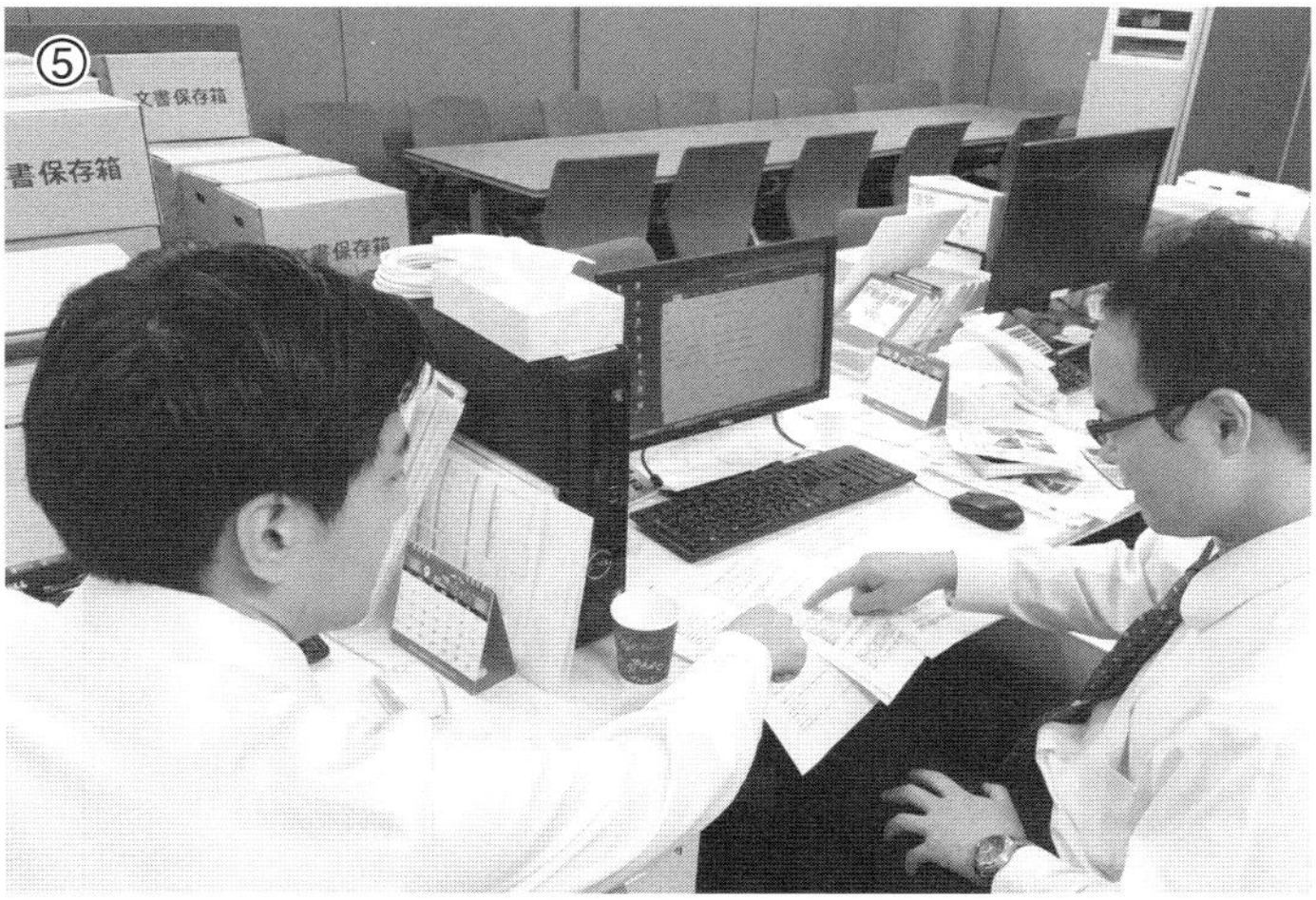

業務中でも毎日、一人ひとりの状況を確認し、適切なアドバイスをする

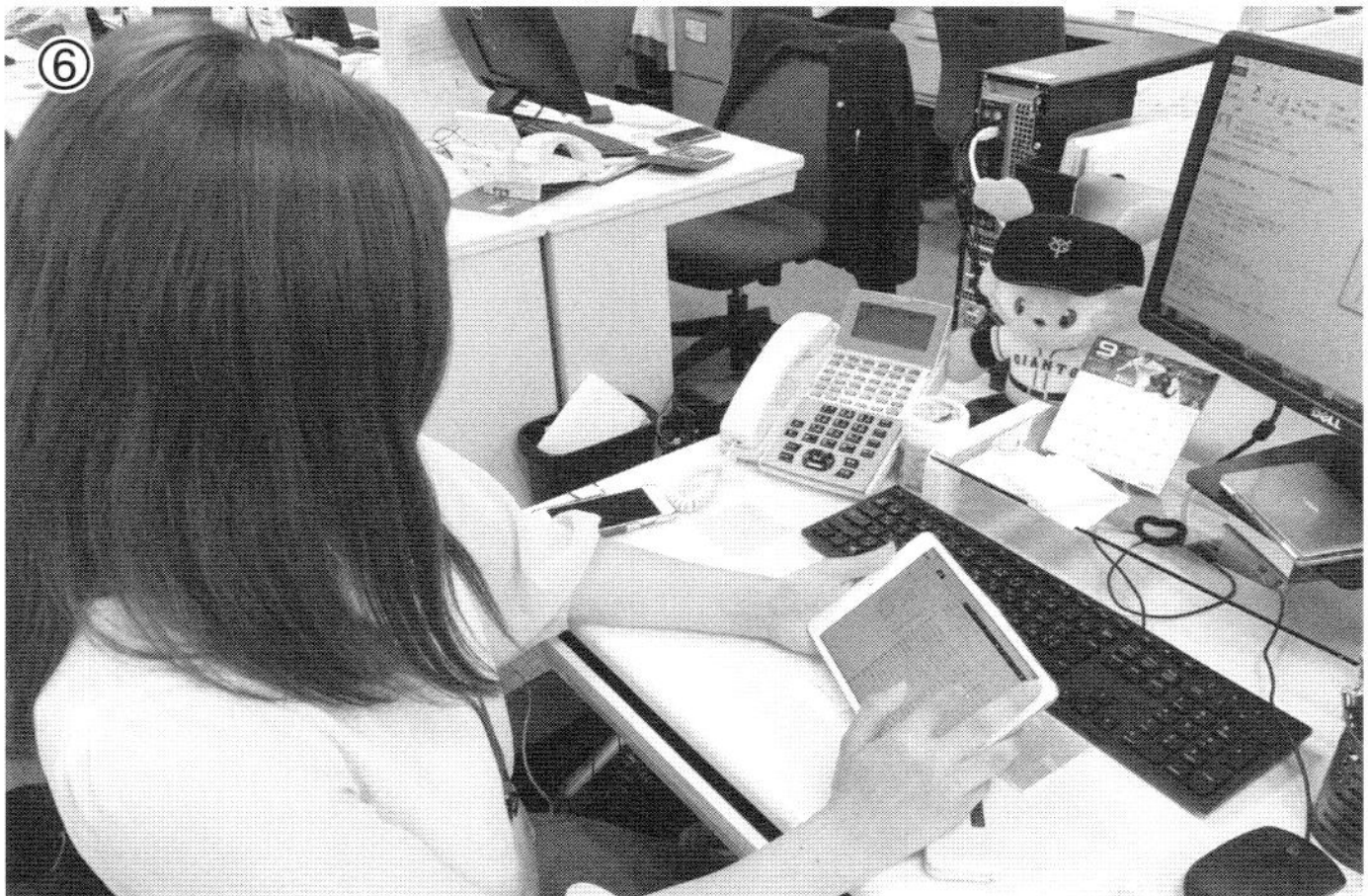

タブレット端末などもフル活用して業務効率を上げている

⑧ 整骨院

清潔な状態を維持する活動が顧客満足度を高めるカギ
施術者間の連携がスムーズな対応を生む

金融機関には「コンサルティング機能の発揮」が求められているが、それを果たすには、現場を通じて顧客企業の事業を把握することが欠かせない。

整骨院は国家資格である柔道整復師が、捻挫・打撲・挫傷などの治療を行う施設だ。競争力を高めるには「クリンリネス」「施術者間の連携」という二つの面で優れた取組みが必要となる。この両面から、整骨院の現場で見るべきチェックポイントを見ていこう。

〈クリンリネス〉

クリンリネスとは、清潔な状態を維持する活動を指す。整骨院には、施術だけでなく「癒し」を提供する側面もあるため、接客サービスとともに、癒しをどう提供しているかをチェックするポイントとなる。来院客（患者）を確保するという観点からも重要である。一箇所の汚れに不満を感じた来院客が、他の整骨院へスイッチするケースもあるからだ。

汚れやすさや来院客への目に付きやすさ、使用頻度などを踏まえて、日ごと・月ごとなど計画的にクリンリネスが行われているかヒアリングしよう。施術を受けるベッドなど、特に来院客の目に付くものは、患者入替えの都度、清掃されることが多い。

入口や受付、施術の待合スペースなど、来院客の目に付きやすく整骨院の第一印象を左右する内外観のクリンリネスも重要である。清潔感を保つだけでなく、ＰＯＰ（掲示物）が適切に

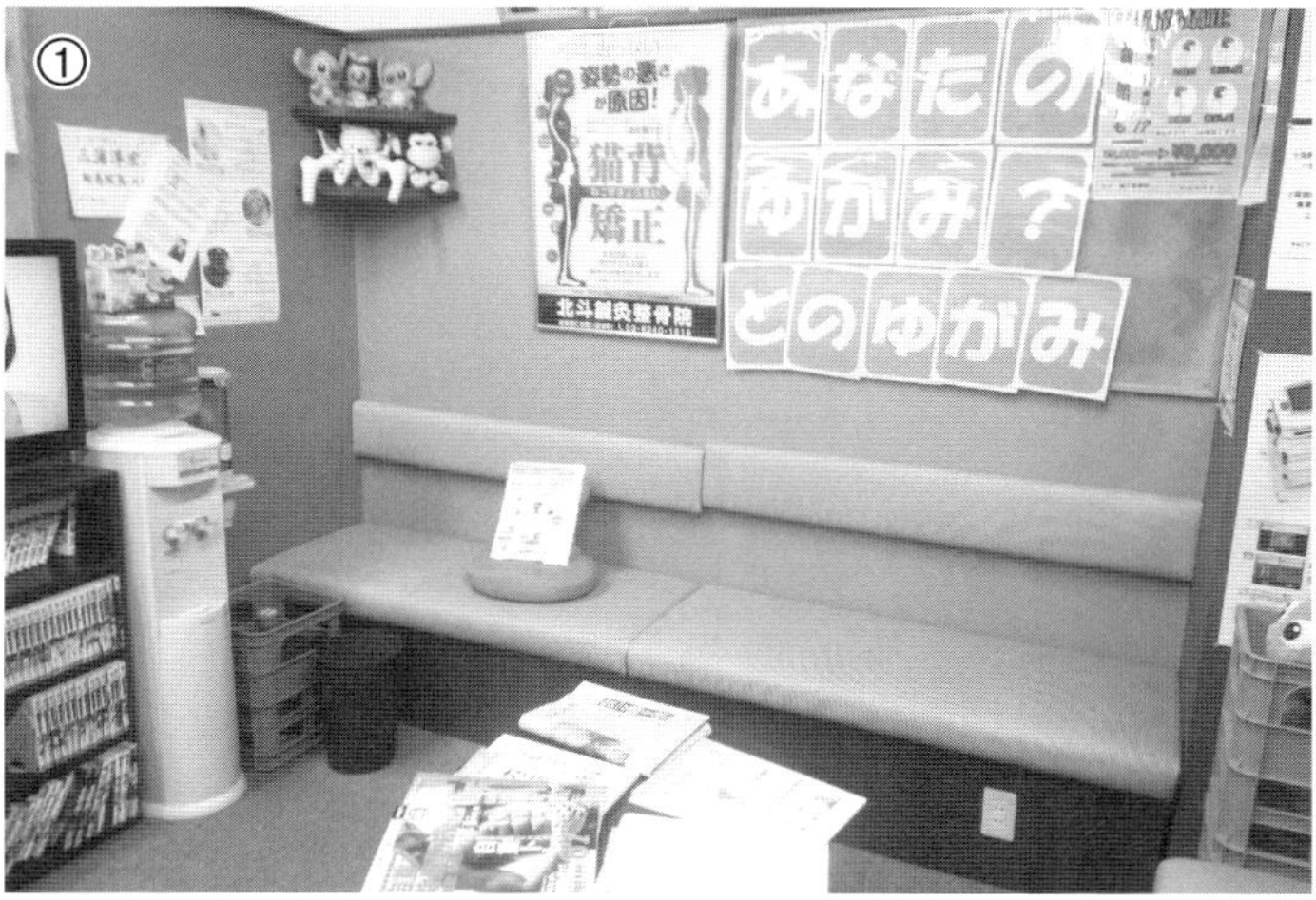

待合室は清潔感があり、POPも目立つように掲示されている

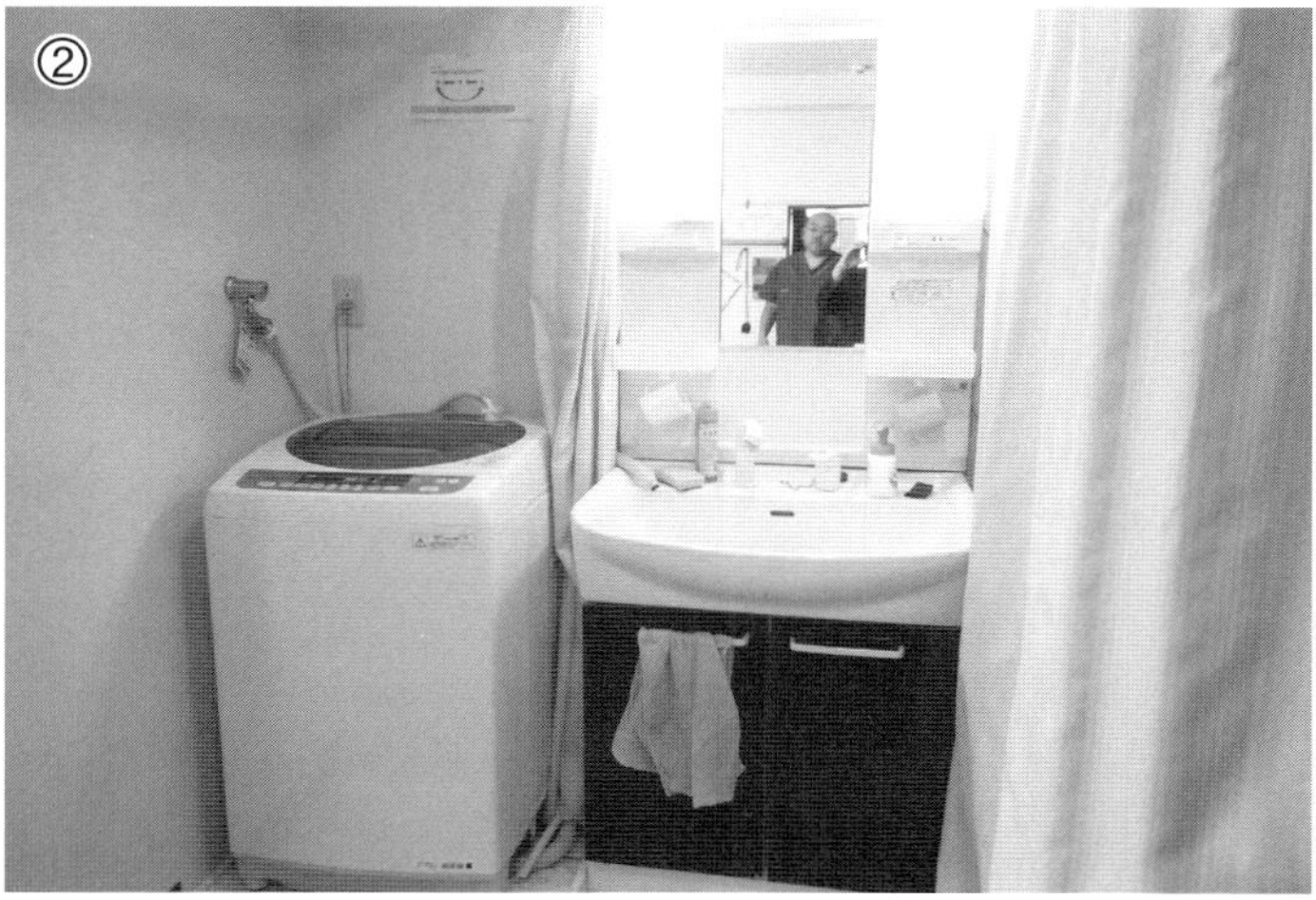

洗濯機が設置されていれば、洗濯の頻度が多く、常に清潔であることが分かる

貼られているか、剥がれていないかどうか、古いＰＯＰが残っていないかなどチェックしよう（写真①）。

備品等のクリンリネスも重要だ。来院時の服装では施術を受けづらい来院客に対して着替えを提供する整骨院が多いが、提供した着替えの汚れは、大きな不満につながる。院内に洗濯機を設置し、来院客に毎回、洗いたての着替えを提供しているか確認したい（写真②）。

備品等のクリンリネスは、施術道具の衛生管理や整理・整頓にも及ぶ。整骨院では、鍼《はり》や灸など、専門道具を使う施術をすることがある。施術の種類ごとに専門道具の衛生管理や整理・整頓ができているかチェックしよう（写真③）。整理・整頓で施術がスムーズになると施術時間が短縮され、来院客を待たせず、より多くの来院客へ施術できる効果もある。

〈施術者間の連携〉

接客サービスを強化するためには、手の空いている者が一部の業務を代わりに行うなどの施術者間の連携体制が欠かせない。例えば、治療器具の取外しや施術費の支払いなど、施術担当者でなくても行えることを、連携して実施しているか確認しよう（写真④）。連携が行われず、すべて施術担当者が一人で行う状況では、施術以外の時間が増え、待ち時間が長くなるなど、来院客に余計なストレスを与える原因となる。

施術者間で連携できる体制を作るには、開院前のミーティングが有効だ。連絡事項やルールを徹底し、施術者ごとのやるべきことを全員で共有できているなど、施術者間のコミュニケーションが充実していると、施術者間の連携が強まるといえる（写真⑤）。

予約受付の連携体制も競争力を計るうえで重要だ。整骨院は美容院などと同様に、来院客一人ひとりに施術担当者が決まっていることが多く、予約のダブルブッキングなどがクレームにつながりやすい。ＬＩＮＥやフェイスブックなどインターネットによる予約システムを整えた

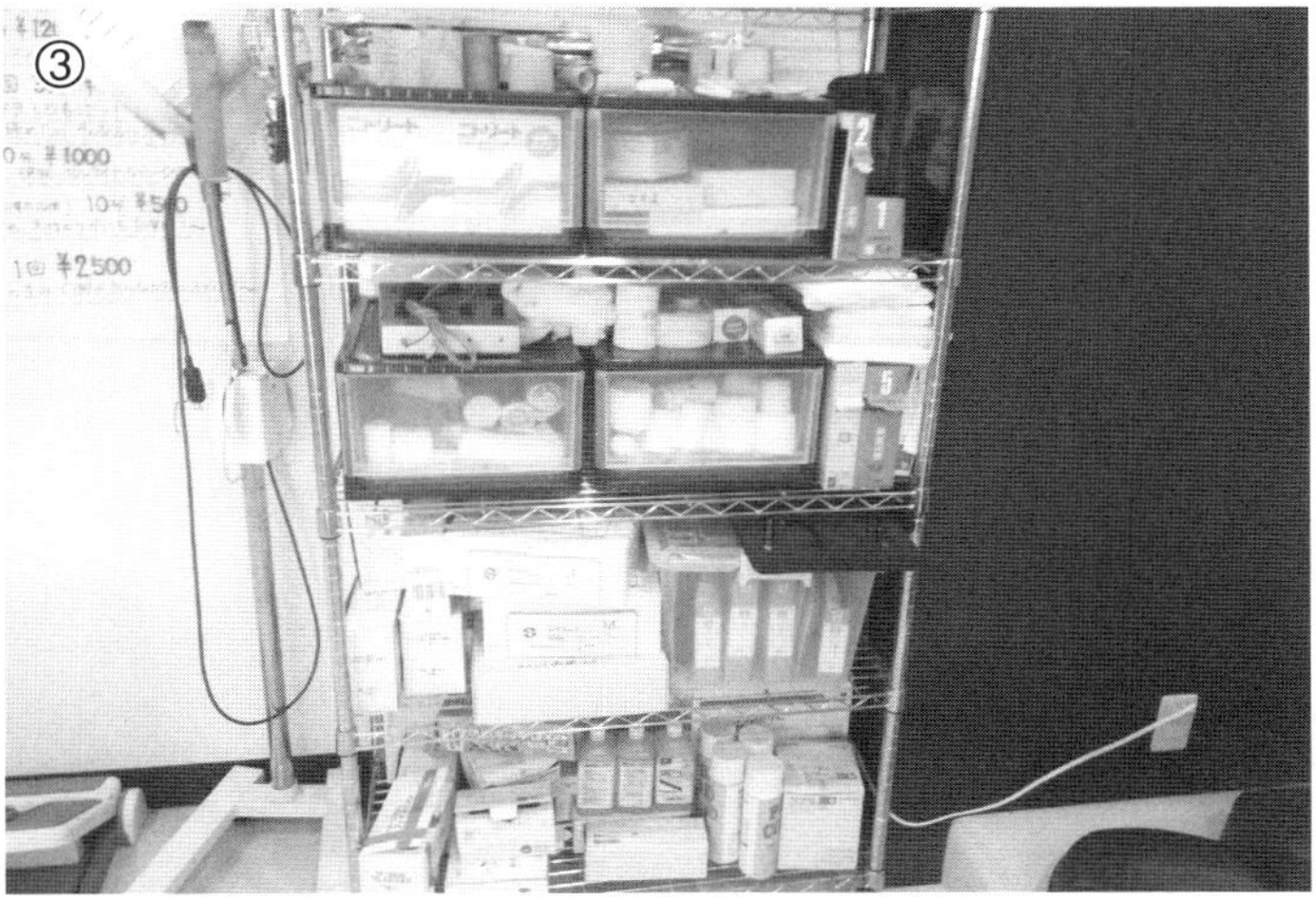

道具の整理・整頓は時間のロスを減らし回転を早める効果がある

施術担当者以外でも、そのときの状況に合わせて対応できることが望ましい

整骨院も増加しているが、複数の予約システムを利用することで、管理が複雑になるという面もある。予約用システムを導入するだけでなく、誰が予約を受け付けても施術担当者に迅速に伝達されるよう、連携が行われていることが不可欠である。

来院客にとっては、施術そのものによる治療効果だけでなく、施術の際や待ち時間に行われる会話も、満足度を左右するポイント。施術担当者以外の施術者も来院客の状態や困りごとを共有できているかをチェックしよう。共有していれば、施術担当者以外の施術者が来院客に話しかける機会が増え、会話が弾むきっかけとなる（写真⑥）。

筑間 彰 ちくま・あきら

㈱経営教育総合研究所 研究員

２００２年より学習塾を経営。販促、マーケティングプロモーション、講師管理など経営マネジメント全般に従事している。学習・教育支援業や飲食業の販促、業務改善、補助金申請支援にも携わる。ＴＢＣ受験研究会講師、中小企業診断士、一種外務員。

写真提供

①④⑥北斗整骨院／東京都台東区東上野１－８－１／ＴＥＬ：０３（６２４０）１６１８

②③⑤瑞江ＴＢＭ鍼灸整骨院／東京都江戸川区南篠崎町３－22－１／ＴＥＬ：０３（６２３１）８５１５

⑤
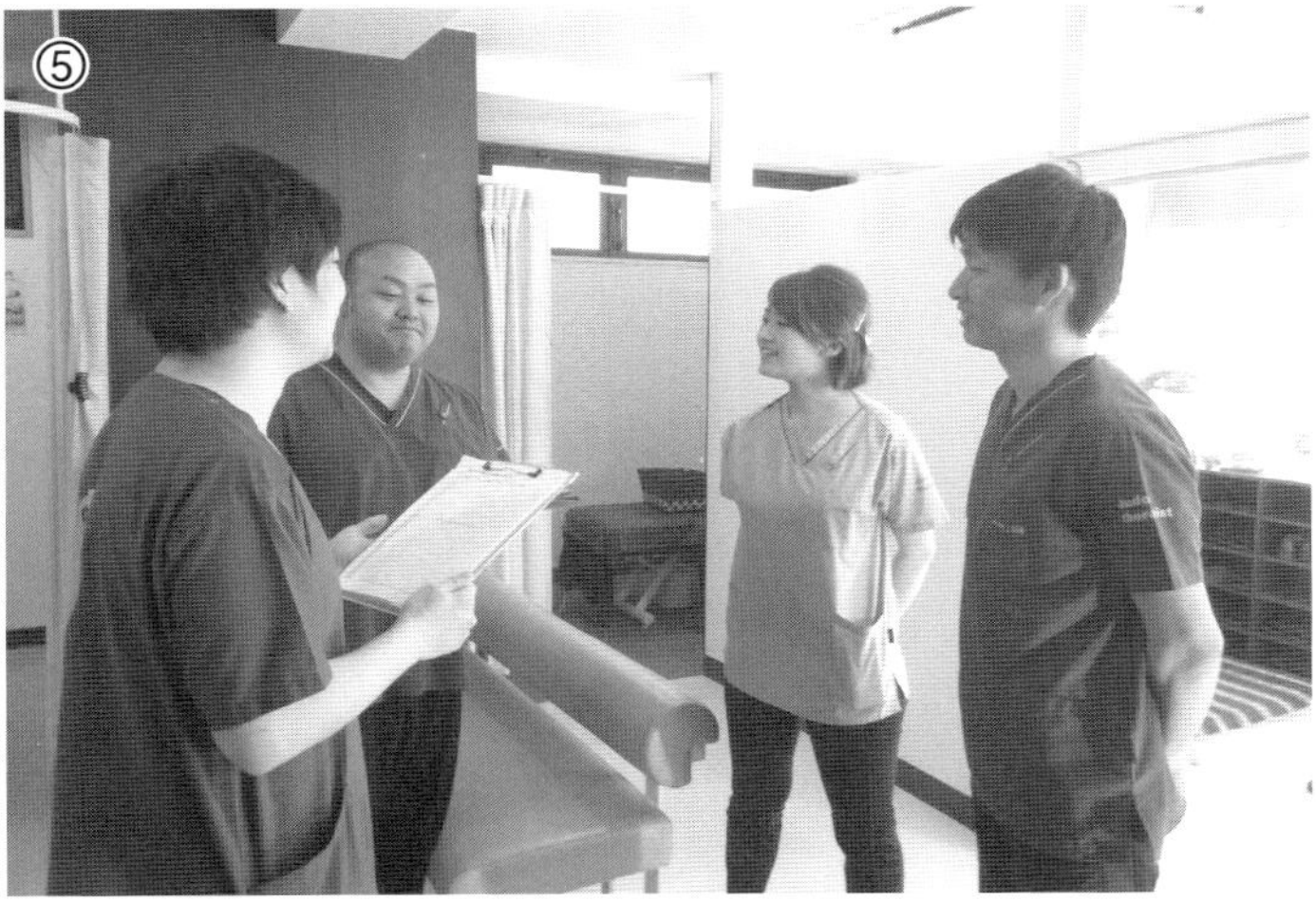

開院前のミーティングで連絡事項を確認していると連携がスムーズに行われやすい

⑥
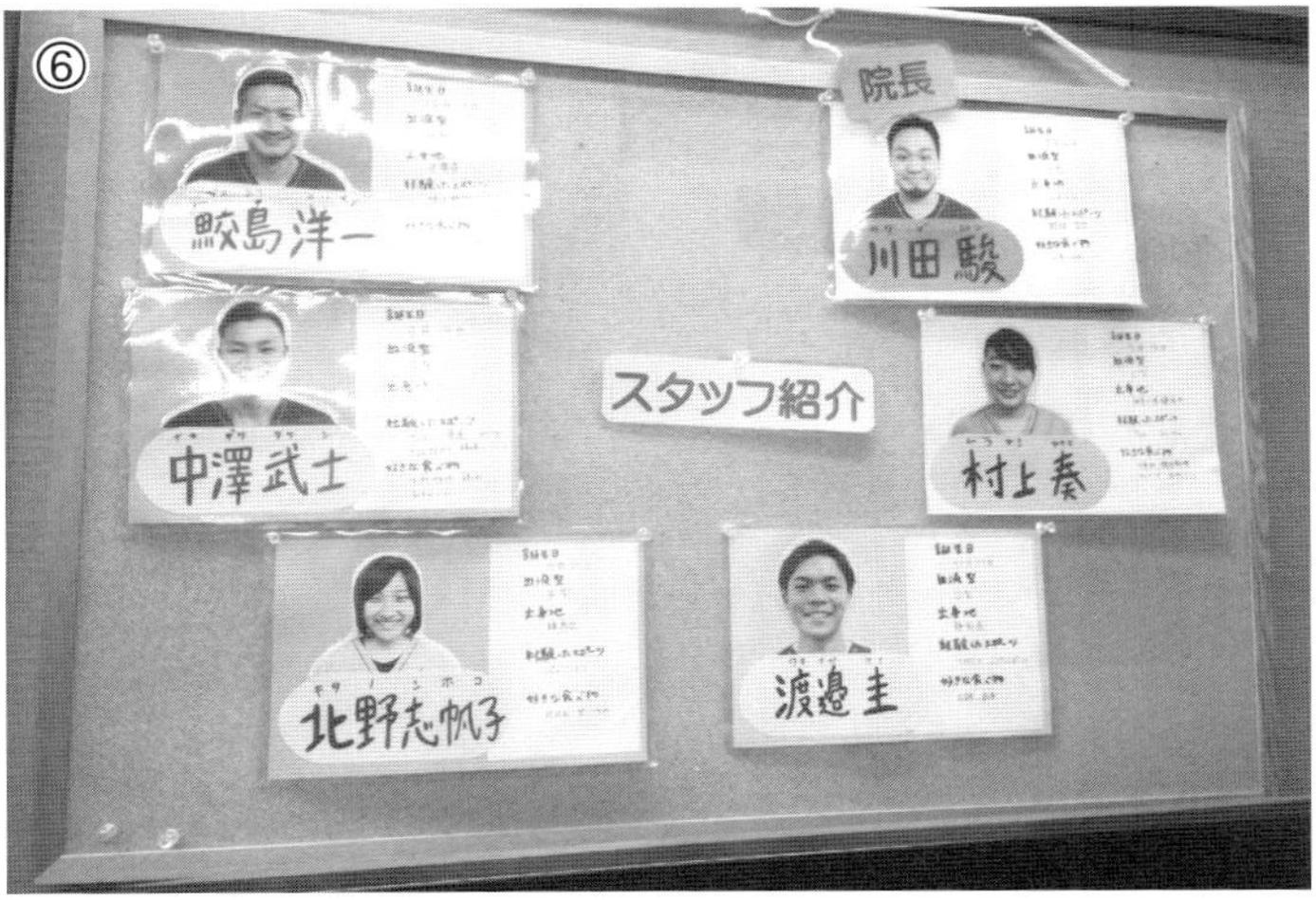

施術者の顔写真とプロフィールを掲示すると、来院客との会話のきっかけに

⑨ 音楽教室

- 教室の様子が想像できる、動画や画像をリアルタイムに発信している
- 異なるレッスンの業務が一元化されている

少子高齢化で人口が減少していく中、音楽教室（以下「教室」）では、生徒数の維持が課題である。新規生徒を獲得する活動と既存生徒に長く通ってもらうための活動により、生徒数を維持しやすくなる。今回は、新規生徒を獲得するための「オウンドメディアマーケティング」、既存生徒に長く通ってもらうための「生徒の満足度向上」、複数の楽器や習い事を展開した「シナジー（相乗効果）」を見ていこう。

〈オウンドメディアマーケティング〉

ホームページ・SNS・ブログなど自社運営（オウンド）の情報媒体（メディア）を使ったマーケティングで、教室を探している見込客に情報発信する。

①ホームページ

見込客が教室を探すとき、ホームページを見ることがある。訪問前に教室のホームページを確認しておこう。「特徴や生徒・保護者の声」「先生、レッスンの紹介」「施設やレッスンの写真」など教室の様子を想像できる情報があると、レッスンを始めるきっかけになる。実際に教

室を観察して、ホームページの情報が実現されていれば、教室の魅力が見込客に伝わっていると推察できる。

②SNS・ブログ

レッスンごとにスタンプやシールがもらえる。成長の可視化がやる気を引き出す

生徒が教室に通ううち、同教室の他の習い事に興味を持ち、レッスンを増やすことがある

訪問時にＳＮＳやブログで情報発信しているか質問しよう。専門知識がなくても動画や画像を公開できる媒体を利用することで、中小の教室でも費用をかけずに情報発信できる。レッスン風景や発表会、季節ごとのキャンペーンなどの動画や画像をリアルタイムに公開すると、文字では伝わりにくい活気や親しみやすさが臨場感を持って伝わる。

〈生徒の満足度向上〉

①やる気を引き出す

生徒自身がやる気になると成果が出やすくなり、満足度の向上につながる。「生徒のやる気をどのようにして引き出していますか？」と質問してみよう。

「小さなことでも褒める」「偏りなく十分に声かけをする」「生徒ごとに説明方法を変える」「スタンプカードなどで成長を可視化する（写真①）」など、やる気を引き出す手法が複数挙がる場合、積極的に工夫をしていると推察できる。

②発表会の有無

発表会には教室主催や複数教室合同、地元イベントへの出演などの形がある。「発表会がありますか？」という質問のほか、施設内の掲示や案内チラシの有無でも確認できる。成果を披露する機会が定期的にあると、レッスンへの意欲が増して技術が向上すると同時に、達成感が満足につながる。案内チラシなどで発表会に生徒の家族・友人を招待し、成果を見てもらうことで、クチコミ生成や新規生徒の獲得も期待できる。

〈シナジー（相乗効果）〉

ピアノとダンスなど複数の楽器や習い事を展開し、経費削減や売上増加といった相乗効果を発揮している教室がある。

①経費削減

楽器や習い事が違っても、月謝の集金、教室の整理整頓や清掃、消耗品の仕入れなどの管理業務を同じやり方にして、まとめて処理することを業務一元化という。業務一元化による教室全体の管理業務の経費削減はシナジーの一つである。楽器や習い事によって管理業務が異なっていなければ、業務一元化が進んでいる。

②売上増加

「楽器を演奏できるようになったら、演奏に合わせて踊りたくなった」など、一人の生徒がレッスンを増やすことがある。一つのレッスンの満足度向上による他のレッスン増加もシナジーの一つ（写真②）。ピアノとダンスのように、レッスンを増やす組合せを分析し、両方を学びやすい時間割や月謝のプランを組んだり、発表会を合同で行い相互に触れる機会を増やしたりすると、売上増加になる。

渡辺奈月　わたなべ・なつき
経営教育総合研究所 研究員
通信事業者のマーケティング担当者、プロダクト・マネージャーを経て財務分析業務に従事。最前線でのWebマーケティングの知見を活かし、小規模事業者のマーケティング戦略から制作までワンストップで支援。中小企業診断士、システム監査技術者、上級シスアド、情報セキュアド。

写真提供
KPiano&Dance School（ケー ピアノアンドダンススクール）／
東京都台東区寿4-4-8 奥原ビル3F／TEL 070-1419-3448

⑩ 個別指導学習塾

- 授業見学者へ好印象を与え入塾者数を拡大
- 円滑なコミュニケーションで定着率向上や口コミ拡大を図る

個

個別指導学習塾（以下「個別指導塾」）は、「学校の授業についていけない」「ここが分からない」といった生徒ごとの状況に合わせ、一人ひとりと対話式の個別授業を行う。見学や体験授業を経ての入塾が多いため、入塾者を増やす「授業見学」、授業見学者を増やす「コミュニケーション」「新しい取組み」の観点から現場の工夫を見ていこう。

〈授業見学〉

写真提供の個別指導塾では、授業見学や体験授業を経て入塾するケースが9割に及ぶ。生徒獲得のため、授業見学に来た生徒と保護者（以下「授業見学者」）へ良い印象を与えよう。

①入口の清潔感

建物や塾の入口付近の清潔感を観察しよう（写真①）。看板や掲示物が整然としていると清潔感が出る。営業時間中にも汚れたり乱れたりするので、営業時間前と営業時間内に数回見回りをしているか、汚れや乱れに気付いたらすぐ対処する習慣があるかもチェックしたい。

②情報の掲示

汚れや乱れにこまめに対処していれば、入口で清潔感を与えられる

実績や室長の経験、キャンペーン、イベント告知などを掲示して、塾選びの参考にしてもらう

授業見学者から見える位置に実績など情報の掲示があるか観察しよう（写真②）。教室内では、パーティション等で空間を区切り、同時に複数の授業を行う（写真③）。プライバシー保護のため面談スペースと授業空間を区切ることで掲示可能スペースが生まれる。そこに塾選び

の参考となる情報を掲示しておくと、授業見学者に良い印象を与えられる。

③講師の研修

いくつかの授業を見学した場合、講師ごとの指導力の差が大きいと授業見学者は不安になる。定期的に講師の研修を実施して、講師の指導力を高いレベルで均一にすることが重要だ（写真④）。「定期的に講師の研修を実施していますか？」と質問しよう。

〈コミュニケーション〉

個別指導塾内のコミュニケーションが円滑になると、生徒の成績や定着率の向上・良い口コミの拡大などの効果が期待できる。良い口コミは、授業見学者の増加・生徒獲得につながる。講師同士や、講師と生徒・保護者間のコミュニケーションを円滑にしよう。

①学習状況の共有

室長を含む講師同士で、生徒ごとの授業の進捗など学習状況を共有しているかについて質問しよう。「生徒別共有ファイル」「学習状況を管理する情報システム」などを活用することで、生徒ごとの学習状況を共有でき、生徒の成績や定着率向上につながる。

②会話のしやすさ

自習スペースの有無や、講師から生徒への声かけをしているかを観察しよう。自習スペースは、生徒同士や生徒・講師間の会話を増やす（写真⑤）。講師が日頃から自分の担当生徒以外とも積極的に会話することで、講師変更で初めて授業を担当する生徒にも円滑に対応できる。

③保護者への連絡

生徒の学習状況を保護者に連絡しているか質問しよう。指導内容や出席状況、今後の学習方針を保護者と共有することで、保護者に満足を提供できる。

〈新しい取組み〉

③

取外しが簡単なパーティションを利用し、授業の形式によって使い分けられるようにしている

④

研修によって、講師の指導力向上とともに、講師間での能力差が出ないように努めている

個別指導塾へのニーズや教育環境、活用すべき技術の変化に対応する新しい取組みで、競合塾と差別化しよう。

①担任制

担任制を導入しているか質問しよう。同じ生徒の授業を同じ講師が担当し続けることで、授業の継続性や一貫性といったニーズに対応し、競合塾との差別化を図れる。非常勤講師が多いと、担任制を実施することが難しい。ただしそのようなケースでも、室長を含む講師同士での学習状況の共有と定期的な研修を充実させれば、継続性・一貫性を保てる。

②地域密着の授業動画

近隣の学校の定期テスト対策などの授業動画を配信しているか、塾のウェブサイトを見たり質問したりしよう。地元の学校に合わせる地域密着により、一般的な受験対策や教科書対応の授業動画を配信する学習塾との差別化になる（写真⑥）。地域密着の授業動画の一部を無料公開したり、チラシで告知したりすると、授業見学者の増加・生徒獲得につながる。

福井泰介　ふくい・たいすけ
㈱経営教育総合研究所 研究員
OA機器販売会社に勤務。主に中小企業に対して、業務効率向上とIT化推進の提案を中心とした経営課題の解決に努めている。中小企業診断士。

写真提供
スクールIE篠崎校／東京都江戸川区篠崎町7-21-21-202／TEL：03-3698-3237

自習スペースは学習の場だけでなく、コミュニケーションの場としても有効である

地元に密着したチラシの例。近隣中学校の授業に合わせた無料動画を提供している

第3章

主な業種のトレンドを押さえる！

① 金属加工業界

(1) 工夫による短納期化

近年では、取引先から一層の短納期対応が求められ、要求される品質も高くなっている。千葉県のある鋼材加工メーカーでは、レーザー加工（レーザー光線による切削・切断等）とベンダー加工（鋼材を型に合わせて折り曲げる）に特化することで、短納期・高品質を実現した。

レーザー加工は鋼材に触れずに行えるため、一般的な鋼材の切断方法で発生する「バリ」と呼ばれる加工面の不要な凹凸ができにくい。これによりバリを取る工程を省くことが可能になっていることも、短納期化に貢献している。

ベンダー加工には、微妙な曲げの度合いなど、熟練した技術が必要。そこで、熟練工が一般工に対してＯＪＴを実施するとともに、ＣＡＤ（パソコンの画面上で図面を作成するためのソフトウェア）やＣＡＭ（コンピュータによる製造支援）を活用。一般工でも、高い精度が出せる最新機器を導入している。

このメーカーでは、加工の用途ごとに専用機械をいくつも用意するのではなく、汎用性の高い新規機械を少数導入して、機械の数を減らしている。そのため、新入一般工員の機械技術習得時間が短くなり、早期に仕事を任せられるようになった。

(2) 技術を応用した業態転換

製造業は取引先からのコスト削減要求も厳しい。そんな中、既存製品のコストを削減するのではなく、高付加価値製品を作り出し、業態転換に成功した企業がある。

広島県のある企業は、現社長の父親である先代社長が鉄工所として創業。その後、金属の成形加工だけでなく、自動車部品や食品容器などの樹脂の加工も手掛けるようになった。

さらなる業態転換を模索している中、カルシウム不足で子どもたちの骨折が増えているという地元紙の記事を見た。そこで、鉄工所のプレス（加圧）技術を応用し、煮干しを子どもにも気軽に食べられるように加工した製品を開発、特許を取得した。

その結果、食べやすいだけでなく、食材の旨味や栄養が凝縮されるなど様々な効果があることが分かり、業態転換をさらに強化した。加工する農産物や水産物の種類を増やし、農業・水産業を中心に、他業種との連携も増やした。

現在では自社で製品を作るだけでなく、食品加工会社に対し、自社の技術を活かした新製品の開発から、製品化、販売促進のサポートまで一貫したコンサルティングも行っている。

② 鋳造業

鋳造とは、金属を高温で液体状に溶かして型枠に流し込み、冷却することで目的の形状を製造することである。鋳造で製造された鋳物は、自動車や建設・産業機械などの部品から家具や厨房機器などの日用品まで、多方面で用いられている。

鋳造業の大半は、自動車や建設・産業機械メーカー（以下「元請」）の部品を下請製造する中小企業である。下請製造の課題として、元請からの要請に対応するための設備投資や人材確保・育成、鋳物の特徴を活かした自社製品の開発・販売などがある。

(1) 設備投資の減税制度

元請からの製品（自動車や建設・産業機械）の高性能化、コストダウン、短納期の要請に対応するため、新工法の導入や省エネ・省資源を意識した設備投資が必要である。新規の設備投資で、中小企業が取得する機械装置には、「中小機械固定資産減税」を活用できる場合がある。

(2) 人材確保・育成の取組み

元請の要請に対応するためには、設備を使う人材の確保・育成も欠かせない。工場・作業環境の改善を図ったうえで、工場見学や大学との共同開発（産学連携）を行い、学生が抱く3K（きつい・汚い・危険）イメージの払拭や人材確保につなげている。次世代の人材に技術・技能を継承するよう育成する場合、「ものづくり中核人材育成事業」の補助金を活用できることがある。

(3)自社製品の開発

自社製品を開発して独自に販路開拓した鋳造業は、下請製造より高い収益が期待できる。鋳造業が開発した自社製品には、鋳物の特徴である保温・保冷性の高さを活かしたホーロー鍋やワインクーラー、鋳肌（鋳物の表面）の質感を活かした郵便受け・茶釜・鉄瓶などがある。

③ サービスロボット製造業

(1) サービスロボット製造の特徴

ロボットとは、センサ、知能・制御系、駆動系の三つの技術要素を有する知能化した機械システムを指す。日常生活や介護従事者、インフラ点検などを支援するロボットを特に「サービスロボット」（以下「ロボ」）という。

状況に応じて複雑な動作が求められるため、部品点数が多く、部品の組立てと、部品間やハード・ソフト間の相互調整・擦り合わせに多大なコストがかかる。しかし、素材加工や部品製造を外部委託し、組立て・動作確認を自社で行えば、大規模な生産設備は必要ないことが多い。

動作（制御・駆動）には、ロボ自身が環境や状況を認識、判断、予測して動作する知能が必要だ。しかし、認識能力や自律的判断能力に関わる知能化技術やセンサ技術は改善点が多い。このため、用途や使用条件は限られる。

こうした技術課題は、ロボの種類によって異なる。使用環境や目的、対人安全面、使い勝手などの操作面、期待される機能と実現できる機能との乖離などの機能面といった技術課題も、ロボの種類によって異なり、数も多い。特に操作面や機能面への期待（ニーズ）の把握が難しい。解決すべき技術課題が多いロボは、実用化に時間がかかる。

解決する技術課題を限定し、早く実用化するため、各企業は一定の分野に特化することが多い。例えば、目や耳などの要素部品の開発・製造に特化したり、清掃ロボのように日常生活やインフラ点検支援機能に特化したりする。

対話機能や感情機能ロボの登場で、ロボを利活用する可能性は増えたが、対人安全性などの技術課題や高価格の問題があり、普及が遅れている。自社単独での技術課題や販売、価格等の解決が難しい場合、共同研究、出資や人材の提供受入れ、マーケティングの委託など、外部機関との連携が重要になる。

⑵医療・介護分野での実用化先行

国や自治体が実用的製品開発を政策的に支援しており、重点分野として、医療・介護分野の技術開発・実用化が先行している。

例えば、介護従事者の身体負荷を軽減する介護ロボを開発する事業者に対して開発費用を補助。実用化に向けて介護現場へのロボ導入や、導入による改善効果をデータ化する実証実験が開始された。

④ 菓子製造業

(1) 健康志向への対応

少子化が進行しているわが国においては、子ども向け菓子市場は頭打ち傾向にある。一方で、健康志向の高まりによって、大人向け菓子に対するニーズが一定程度存在している。

健康志向に対応した大人向け菓子として、例えば次のようなものがある。

①機能の付加：のど飴／口臭除去機能を付加したガム
②低カロリー：こんにゃくを原料としたゼリー
③栄養素の付加：栄養素を付加して体に良いことを強調／特定保健用食品の認定を取得した菓子

(2) 他社製品との差別化

頭打ち傾向の子ども向け菓子市場では、他社製品との違いを出すことが、売上を獲得するうえで重要だ。次のように差別化し、根強い支持を得ている例がある。

①地元特産品を原材料に用いた新製品を開発
②会社そのものの歴史をアピール
③定期的に新製品を開発
④季節ごとに限定品を発売し希少性をアピール

⑤品評会での表彰歴を、販売店のポスターや菓子の説明資料等に表示し、積極的にアピール

(3)ネット通販

大都市への販売経路が弱い地方の菓子製造業者であっても、インターネットの通信販売によって全国に販売している例がある。成功を収めている通販用ウェブサイトには、次の特徴がある。

①印象的なトップページ：自社や地元の歴史、原材料に関連した写真や説明文を効果的に活用。サイトの閲覧者へ自社や製品の特徴を視覚的に印象づける。
②優れた操作性：製品説明に画像を用いることで、製品検索を容易にする。
③定期的な更新：季節に応じた製品紹介を行うことで、タイムリーな製品情報を提供する。

⑤ 日本酒製造業

日本酒製造業は地域密着型で業歴の長い企業が多い。しかし、酒類の選択肢の多様化、食生活の洋風化等により、日本酒の販売数量は減少傾向にある。消費が縮小する中で、各企業には今まで以上の創意工夫が求められている。

(1) ブランド力強化・製造技能承継

日本酒はブランドへの顧客のこだわりが強く、一旦支持を獲得すれば、リピーターにしやすい。自社ブランドの特色を印象付けるため、製法や材料にこだわった商品の提供に力を入れ、積極的な情報発信を行っている。

例えば、多くの企業はホームページを活用し、材料や製法、職人の作業風景、酒蔵や周辺環境の様子、自社の歴史等を発信することで、自社ブランドの魅力をより効果的に訴えている。また、工場見学を受け入れて製造工程の説明、試飲の勧奨を行う企業もある。

製造技術の保持・承継も課題である。従来、農閑期である冬場に限定して杜氏（とうじ）・蔵人（くらびと）と呼ばれる酒造りの職人を招き、日本酒製造を行っていたが、近年では職人の高齢化と若手不足により、技能承継が課題となっている。ある企業では、職人雇用の社員化・通年化を行い、1年を通じて日本酒製造と若手職人の指導・育成をしている。

(2) 新商品開発

自社のブランド力を強化するため、新商品開発に取り組む企業もある。例えば、「地元産果物を使用した果実酒」「日本酒そのものや酒粕を使用した化粧品や菓子」「シャンパンのように発泡する日本酒」などである。

地元の農林水産物を活用した新商品の開発には、ふるさと名物応援事業補助金で、試作品開発や展示会出展等に係る費用の一部が助成される場合がある。新商品開発のための設備導入には、ものづくり・商業・サービス新展開支援補助金が利用できる場合がある。

(3) 販路開拓

開発した新商品を販売するためには販路開拓が必要だ。従来から酒蔵見学や試飲を通じて直販を行う企業は多かったが、近年では複数の企業による合同試飲・販売会などのイベントが注目を集めている。複数企業による大規模なイベントは、テレビ・新聞等にも取り上げられやすくなり、日本酒や自社製品のファンの裾野を広げる効果が期待できる。企業としても、商品の魅力を直接顧客に伝えるのみならず、顧客の生の声を収集し、新商品開発に活かすことができる。

いまや日本酒の販路は国内のみに限られない。和食がユネスコ無形文化遺産に登録されたことにより、日本酒にも海外からの関心が集まっている。海外進出にあたっては、一定の費用と時間を要するため、準備が不可欠である。海外進出戦略の策定や販路開拓にあたって、中小企業支援機構やＪＥＴＲＯ等の団体が主催する相談会・商談会・展示会を利用し、海外への販路を築いた企業もある。

⑥ 電子部品製造業

(1) 完成品製造業への対応強化

電子部品製造業の好不況は、受注先である完成品製造業の動向に左右される。旧来のＡＶ機器や冷蔵庫、洗濯機などの白物家電の国内市場縮小と海外展開が進む中、電子部品製造業の対応も変化している。例えば、完成品製造業が海外展開する場合、以前なら工場進出をしていた。だが最近は、資金面やカントリーリスク（相手国や地域の政治・経済・社会の変動）などを考慮し、海外発送や海外電子部品製造業に生産を委託するケースがある。

拡大するスマートフォンの部品に対しては、短納期化などの要求がより一層強くなっている。電子部品製造業は、完成品製造業の増産に対応できないと受注ロス、減産に対応できないと在庫過多などの事態に陥る。完成品製造業の受注や需要予測の情報を早期につかみ、生産調整ならびに在庫調整に反映させるような対応強化が重要だ。ある電子部品製造業は定期的に完成品製造業を訪問し、情報収集に努めている。

(2) 補助金等の利用

軽量小型化ならびに高精度化といった技術進歩が著しい電子部品業界で生き残るためには、研究開発や設備への投資が欠かせない。研究開発や設備への費用に対して、「ものづくり補助金」を利用できることがある。ある電子部品製造業は、補助金を利用して、超小型電子部品向け高精度加工機を開発した。

⑶環境規制への対応

欧州RoHS指令（特定有害物質使用制限指令）やReach規則（ＥＵ化学物質規制）に伴い、日本の電子部品製造業は、完成品製造業に電子部品を納入するときに、含有化学物質の提出が必須となっている。

電子部品は使用する原材料が多いことや、成分の開示に消極的な原材料製造業があること、完成品製造業によって提出形式が異なることなどから、含有化学物質の提出にかかる事務コストが重い。そこで、ある電子部品製造業では、あらかじめ原材料や電子部品の含有物質のデータベースを構築し、コストの低減を図っている。

⑦ 宿泊業界

(1) サービス合理化と宿泊料引下げ

宿泊業は人的作業が多い労働集約型産業で、コストに占める人件費の割合が高い。離職率が高く、人手不足に悩む事業所が多い。少人数運営で人的作業のサービスを合理的に減らし、節約した人件費を、宿泊料金引下げなどで顧客に還元する動きがある。

例えば、次のような取組みで、成功を収めた旅館やホテルがある。

・テレビなどの日常的な娯楽設備をなくし、非日常を演出する内装や接客に特化する

・自動チェックイン機の導入による人員削減やサービスの簡素化を進める一方、寝具の充実に特化する

・宿泊客によるパジャマやアメニティ（歯ブラシや髭そりなどの日用品）の持込みによって、格安料金のプランと環境対策をアピールする

・夕食を外へ食べに行ってもらうことで、調理スタッフ不足に対応しつつ低価格化する

(2) 外国人旅行者の受入れ

多くの世界遺産があり、東京オリンピックを控える状況下では、外国人旅行者はしばらく増加を続けると予測されている。

増加する外国人旅行者の受入れは、宿泊業の重要な課題である。例えば次のような取組みで、

受け入れ態勢の整備が行われている。

・外国語を話せる接客スタッフの育成
・多言語表記による設備の利用方法の説明
・多言語表記による温泉の入浴方法の説明
・多言語表記の予約用ホームページの設置
・外国語による日本的文化の体験プログラムの提供
・イスラム教のハラル認証取得など、宗教に配慮した食事メニューの用意

また宿泊業者を顧客として、接客スタッフ向けの外国語研修サービスや、多言語表記対応サービスを提供する事業者も多く出てきている。

(3) 宿泊以外の利用への対応

宿泊業には宿泊だけでなく入浴や食事、物品販売など多くのサービスがある。これらのサービスを宿泊客以外にも利用してもらうことで、設備を有効活用する宿泊業が好調である。

温泉や入浴設備が充実しているところは、日帰り入浴に力を入れている。休憩利用や食事利用、お土産販売の追加収入が加わることもあるからだ。

⑧ 葬儀業界

(1) 価格の明瞭化・葬儀の質向上

葬儀業界では、価格を明瞭にすることで差別化を図る企業が増えている。地域の慣習によって葬儀の内容や金額が異なる点や、葬儀一式の金額しか提示されず明細が不明瞭である点が背景にある。フランチャイズ・チェーンでは、パック商品として葬儀の料金体系を明瞭化し、全国統一価格で提供するところがある。

葬儀の質向上で差別化を図るために、「葬祭ディレクター（1級・2級）」の資格取得を奨励する企業も増加中だ。本資格では、葬儀式場設営の知識、遺族・参列者への接し方やマナーなどを幅広く学習できる。

(2) サービス内容の多様化

葬儀件数は増えているものの、直葬（通夜や告別式を行わず、火葬のみを行う形式）や家族葬など小規模・簡素な葬儀が増加し、1件当たりの平均葬儀費用は減少傾向にある。そこで各社は、葬儀前後のサービスで下がった分を補う戦略をとっている。

葬儀前のサービスとしては、自分の葬儀の内容や予算、参列者等をあらかじめ決めておける事前相談サービス、「終活」をテーマとしたセミナーや葬儀の勉強会などが実施されている。

終活とは、人生の終わりに向けて前向きに準備をして、残りの人生を自分らしく生きる活動を指す。ほかにも、写真館や介護施設等での遺影撮影会や、入棺体験、模擬葬儀体験なども注目を集めている。

一方、葬儀後のサービスとしては、「グリーフケア」に取り組む企業が増加中だ。グリーフケアとは、大切な人を失った悲嘆（ｇｒｉｅｆ）を癒すための心のケアである。具体的には専門家によるカウンセリングの実施や、同じ境遇の人同士で悲しみを分かち合う場の提供などがある。

そのほか、法事・法要関連の相談サービス、遺品整理や部屋の清掃などを実施する企業もある。

⑨スポーツクラブ・フィットネスクラブ業界

(1)ジョブ・カード制度による助成金の活用

スポーツクラブやフィットネスクラブにとって、店舗をよりスムーズに運営するためには、優秀な人材の育成、確保が不可欠だ。優秀な人材の育成と研修にかかるコスト軽減のために、ジョブ・カード制度を活用しているところがある。

ジョブ・カード制度では、自社を「ジョブ・カード普及サポーター企業」として登録し、ＯＪＴ（職場内訓練）とＯｆｆ－ＪＴ（職場外研修）を取り混ぜながら、採用した求職者を即戦力として育成。ＯＪＴ、Ｏｆｆ－ＪＴにかかった費用の一部が、助成金として支給される。繰り返し利用できるため、社内の継続的な人材育成・教育にも役立っている。

(2)差別化への取組み

近年、市民体育館など公共施設内のトレーニング室を、時間当たり１００円程度と安価で利用できる自治体が増えている。安価な公共施設や競合に打ち勝つためには、他社にはないサービスや差別化が必要だ。例えばあるサッカースクールでは、幼児（未就学児童）コースを無料にする差別化を行っている。幼児期に囲い込めば、小学校就学時に競合他社へ流出しにくくなり、有料の小学生コースの会員を確保しやすくなる。

ほかにも、テニススクールと学習塾を併設し、インストラクター・塾講師の合同研修や送迎バスの相互利用、共通のポイントカードや割引制度（兄弟割引、子どもの学習塾と親のテニスで割引、塾とテニス両方に通うと割引）で、家族ぐるみの利用や、テニススクール・学習塾双方の生徒増、コスト削減につなげる例もある。

フィットネスクラブでは、女性客限定の環境を設けるという差別化が増加中だ。スタッフだけでなく、送迎など一切の施設業務を女性に任せることで、女性が安心して運動できるよう配慮するところも登場している。また、定期的な無料体操教室でそれを感じてもらい、新規会員の獲得につなげるところもある。

⑶クラウドサービスの導入

閑散とする曜日・時間帯の利用率を高めるため、平日コース、夜間コースなど、利用時間帯を限定した割引料金プランが増えている。しかし、利用時間帯を限定することで、会員の利用時間帯管理などが複雑になってしまう。

そこで、会員管理システムについて、クラウドサービスを導入するスポーツクラブが増加している。クラウドサービスとは、システムに必要なハードウェアやソフトウェアをネットワーク経由で提供するサービス。クラウドサービスが提供している会員管理システムには、来館、売上、在籍データの一般的な管理・分析だけでなく、クラブごとの要望に応じてカスタマイズできるものがある。長期来館していない会員を知らせ、退会防止のアクションを促す機能や、店舗ごと・割引料金プランごとなどに相手を絞り込んでメールを送信する機能などだ。

⑩ リラクゼーション業界

(1) 制度や規制の遅れ

リラクゼーションサービスの種類は様々で、整体、リフレクソロジー、オイルマッサージ、タイ古式マッサージなどがある。現在、これらの施術を行うための国家資格や免許は定められておらず、国内外の業界団体が創設した民間資格や企業内の内部資格が存在するのみである。そのため、国家資格が定められている鍼灸やあん摩マッサージ指圧と比べて「それぞれのサービスの違いが分かりにくい」「施術スタッフの施術レベルを保証する基準がない」といった問題を抱えている。今後は、公的な資格制度の創設や規制などが行われる可能性がある。

(2) 激しさを増す顧客獲得競争

業界は拡大傾向にあるため、大手企業を中心に店舗数も増加している。中には、フランチャイズ方式で全国展開を行っている企業も存在する。店舗数増加の影響で、顧客獲得競争は激しさを増し、低料金で施術する企業も現れている。これには、「リラクゼーションのサービスの違いが分かりにくい」といった問題が、低料金以外での差別化を難しくしている背景もある。

しかし、低料金以外の差別化を行っている企業も存在する。その企業は、賃料が安い雑居ビルではなく、賃料が高くても集客が見込める駅ビルやショッピングセンターなどの複合商業施設に絞り込んで出店している。清潔感のあるインテリアや来店しやすい立地などの利便性によって、高めの料金でも主婦や働く女性の顧客を増やしている。

(3)課題は施術スタッフの確保

業界共通の課題に施術スタッフの確保がある。施術スタッフが確保できないために、やむなく閉店する場合さえある。施術スタッフが確保できない理由としては、次の2点が挙げられる。

①慢性的な施術スタッフ不足による長時間労働や、顧客獲得競争による低料金化の影響で、給与が低い水準にある

②資格が不要であるため自分のキャリアアップが分かりにくいリラクゼーション業界から、キャリアアップが国家資格で証明できるあん摩マッサージ指圧などの分野に人材が流出している

施術スタッフの確保には、新規雇用と既存スタッフの長期定着がある。ある企業では、リラクゼーションの施術を学ぶスクールを運営し、卒業生を施術スタッフとして新規雇用している。また、ある大手企業では教育部門をグループ会社として設立している。そこで既存スタッフのレベルに合わせた施術研修を行い、長期定着を図っている。施術スタッフの給与・報酬制度について、施術した顧客の数で決まる出来高制でなく、固定給を支払う制度を採用している企業もある。業界内では業務委託の出来高制で施術スタッフと契約する企業が多い中、安定した雇用体制で施術スタッフの定着率を高めている。

⑪ 美容室業界

(1) 美のトータルサポート

美容室の数は年々増え、競争が激化している。そんな中、施術メニューを増やす美容室がある。カットだけでなくヘッドスパ、ネイル、エステ、まつげ等のメニューを用意し、美をトータルサポートする「ワンストップビューティーサロン」に転換するのだ。

カットやカラー等で来店した顧客に別メニューも提案することで、客単価を高められる。ネイルだけでの来店も期待できるため、来店頻度向上にもつながる。

顧客にとっては、通い慣れた美容室で同時に複数の施術を受けられるメリットがある。

(2) 高齢者・子連れ客の取込み

超高齢社会を迎える中、高齢者や障害者に気軽に来店してもらうため、「ハートフル美容師」を在籍させる美容室がある。ハートフル美容師とは、高齢者や障害者に安心・快適・満足な美容サービスを提供するための知識・技術を習得した美容師のことだ。

認定を受けるには「ハートフル美容師養成研修」の受講が必要で、修了すると認定証や店舗用ステッカーが交付される。研修では、高齢者や障害者への接客・援助の方法や、高齢者のおしゃれ術などを学ぶ。

また、子連れ客を取り込むため、保育士を常駐させる美容室もある。保育士がいるキッズルームに子どもを預けられるので、親は安心して来店できる。親子ともにカットができる点も魅力だ。

⑶従業員のスキルアップ

美容室のサービスの質は、従業員のスキルや経験に依存する部分が大きい。そのため、従業員がスキルアップしながら安心して働ける環境を整えることが重要だ。

⑫ タクシー業界

(1) 配車アプリで淘汰が始まる

スマートフォンの配車アプリが普及し、利用者が、自身のニーズに合ったタクシーをどこからでも呼べる環境が整ってきたタクシー業界。ただ運転して利用者を運ぶだけのサービスが淘汰される可能性がある。タクシー業界では「差別化戦略」と「コスト戦略」とで生き残りを図る動きがある。

(2) サービス強化による差別化戦略

観光の付き添いをする「観光タクシー」や高齢者などの通院・買物・墓参りや冠婚葬祭などの付き添いをする「ケアタクシー」、新生児の退院・赤ちゃん検診・塾や習い事の送迎・赤ちゃんを連れた買物などの付き添いをする「キッズタクシー」などがある。単に自動車を安心安全に運転するだけでなく、車いす・ベビーカーのお世話や荷物持ち、診察待ちや薬の受取りなども行う。子供だけでのタクシー利用になることがある塾や習い事の送迎では、事前に登録されたクレジットカードによる精算を可能にしている。子供に現金やクレジットカードを持たせない配慮である。他にも、車内の換気や除菌を徹底した快適な空調やチャイルドシート・ジュニアシートの備え付けで差別化するタクシーがある。出産予定病院などを事前登録した妊婦の、急な陣痛などに素早く対応できる「マタニティ・タクシー」もある。

(3) 生産性向上によるコスト戦略

走っているタクシーを捕まえて乗る「流し」が主流の都市部では、「金曜日の夜の繁華街で雨が降った場合はタクシー利用が高まる」など、いつ、どこで、どのような条件下で利用が多いかという需要予測の精度を高めることで、運転手の生産性を高めることができる。天候や時間帯、人口統計情報、運行中の車両が収集する情報などを基に、人口知能が利用者の多そうな場所を予測して、各運転手にリアルタイムで情報を伝える企業がある。周囲の電車遅延や大規模イベント情報を、需要予測の基の情報に組み込んで需要予測精度を高めたり、当該情報を運転手に連絡して生産性を高めたりすることも、今後は考えられる。

タクシー会社に電話で配車依頼して迎えにきてもらう送迎が主流で、配車アプリの普及が遅れている地域では、電話配車依頼を処理する業務を外注して生産性を向上させることも考えられる。複数社の電話配車依頼の処理を代行している企業では、配車依頼の電話受付から、運転手への連絡、ＧＰＳを使った利用者待ち合わせ場所までの電話誘導まで行っている。

⑬ 衣料クリーニング業

(1) 厳しさを増す業界

総務省家計調査によると、世帯あたりの年間クリーニング使用額は、1992年の1万9243円を頂点に、2017年には6043円と下落傾向にある。

その背景には、洗濯機やアイロンの高機能化により、家庭でクリーニングに匹敵する仕上げが可能になったことや、服装のカジュアル化、形状記憶の素材を用いたシャツ・パンツの普及等、クリーニングを必要としない服装が広まったことが挙げられる。

さらに、大企業による取次チェーン展開が加速し過当競争となり、中小業者の生き残りはますます厳しくなっている。

(2) 新規顧客獲得の成功事例

北海道のある企業は、実店舗のみのクリーニング業に限界を感じて、宅急便を活用したクリーニング宅配・保管の新規事業を立ち上げた。

ブログやSNSを積極的に活用し、情報発信や顧客との関係性を強化することで、全国から新規顧客の取込みに成功し、新規事業が総売上の50%以上を占めるまでに成長している。

また、東京都のある企業では、日本で培った技術を活かし、タイで事業展開を開始した。タイを含めたASEAN諸国では、クリーニング利用者が富裕層のみならず中間層にまで広がっており、今後ＡＳＥＡＮ諸国でさらなる事業拡大を見据えている。

(3) 助成金・補助金活用に活路

常時使用する従業員が５人以下の企業は「小規模事業者持続化補助金」を利用できる可能性がある。新規顧客獲得のための広告費や、集客力を高めるための店舗改装費等が補助対象となる。

福島県のある企業では、大手チェーン店との価格競争を避けるために、特殊技術を活かした「シミ抜き技術ＰＲによる販路拡大」をテーマに「小規模事業者持続化補助金」が採択された。仕上がりや風合いを重視するサービスに注力し、その技術をアピールした看板を設置したり、消費者に実際にシミ抜き技術を見てもらえるような実演会を開催したりすることで、新規顧客獲得に取り組んでいる。

⑭ブライダル業

(1)二極化する結婚式

少子化、未婚化の影響で国内婚姻件数が減少する中、結婚式は二極化する傾向にある。若者カップルを中心に、入籍をしても結婚式を挙げない「ナシ婚」や、結婚式を簡素化する「地味婚」が増えている。こうした傾向が見られる背景には、経済面の問題だけではなく、おめでた婚・再婚の増加に加え、「目立ちたくない」「準備が面倒」「伝統や形式にとらわれたくない」といった価値観の多様化もある。

一方で、お金をかけて、思い出を共有する招待客参加型の結婚式を挙げるケースも増えている。こちらは会場や企画・演出、料理、衣装、引き出物など自分の好みに合うものを厳選し、オリジナリティを重視する傾向が強い。景気回復や晩婚化により、経済的に比較的余裕のあるカップルが増えていることが背景にある。

(2)結婚式のトレンド

結婚式のトレンドは年々変化している。最近は、両親や招待客の満足度を重視する「おもてなし婚」が浸透している。新郎新婦でなく、招待客を結婚式の主役に考えるところが特徴だ。写真映えするスペースを設け、招待客に写真撮影を楽しんでもらうフォトスペースの設置や新郎新婦がお世話になった人にそれぞれケーキを食べさせてあげるなど、招待客参加型の演出や引き出物の宅配などのサービスがある。

「和婚（和の要素を取り入れた結婚式）」も徐々に増えている。日本文化への回帰や、晩婚化が進み落ち着いた雰囲気を望む人が増えたこと、和洋折衷のスタイルが浸透して和の要素を一部に取り入れやすくなったことなどが要因として考えられる。外国人カップル向けに、神前挙式を商品化する動きもある。

ほかにも、新郎新婦のこだわりの強い趣味（漫画、スポーツ、歴史等）をテーマにした結婚式で自己表現をする「テーマ婚」、妊娠を理由に「ナシ婚」を選択したカップル向けの「パパ・ママ婚（出産後に親子で行う結婚式）」など、結婚式のニーズは多様化している。

(3)補助金の活用

多様化するニーズに応える独自サービスをＰＲするため、小規模事業者持続化補助金（以下、同補助金）を活用する企業がある。

ある企業では、同補助金を活用して、写真だけの結婚式「フォト・ウェディング」をＰＲしている。「ナシ婚」や「地味婚」を検討するカップルに対して、「結婚式を挙げなくても思い出は残したい」というニーズを掘り起こしている。ほかには、「和婚」のニーズに対応した着物ドレス（白無垢などの着物を洋風にリメイクしたウェディングドレス）を展開するため、展示会への出展費用などに同補助金を活用している。

⑮ネイルサロン業界

(1) ネイルサロンの課題

爪に気を配る人が増え、女性向けネイルサロン（以下、サロン）が増えている。男性専用のサロンも誕生し、爪のケアを身だしなみと考える営業職などが通っているようだ。

サロンが増えるにつれ、ネイリスト（爪の手入れをする人）の技術や衛生管理が課題となってきた。公的資格がないネイリストは、技術や知識の個人差が大きいといわれている。施術や設備の法的規制もない。施術や衛生管理面の水準確保が求められている。

(2) 成功するサロンの特徴

狭いスペースと少ない器具で施術できるサロンは開業しやすい。しかし、サロンが増えると競争は激しくなる。

ネイルはデザインや仕上がりが常連客増加に直結するので、広告宣伝には一目で強い印象を残せる写真カタログが必須だ。

あるサロンでは、施術写真をインスタグラム（画像共有ＳＮＳ。以下、インスタ）に毎日投稿して集客している。写真映りが良く独創的なデザインのネイル写真カタログでインスタのアクセス数を増やし、写真カタログに興味を持った閲覧者を、自己紹介欄に貼付した予約ＵＲＬで来店へと誘導しているのである。

ほかには、インスタの投稿写真に数行の文章を添えて、お悩み別の解決策で注目を集めたサロンもある。爪が小さい、指が太いなど劣等感を克服するデザインの写真カタログには、施術の工夫が随所にある。ＴＰＯ（時・場所・場合）別や価格別の写真カタログや、男性ネイリストによる男性目線からのデザイン評価で差別化しているサロンもある。

⑯ フラワーショップ業

結婚式や葬儀、入退社、新規出店など、大きな節目となるイベントに「花」は欠かせない存在である。しかし、プレゼントとして花を贈る代わりに、実用品を贈りたいという考えが若年層を中心に広まっており、市場は縮小傾向にある。フラワーショップ業の中には、今まで来店が少なかった顧客層の掘り起こしや、プレゼントしやすい花の工夫、花の需要がある業種との兼営などで生き残りを図る動きがある。

(1) ターゲットを絞る差別化

縮小傾向にある市場で生き残るため、フラワーショップ（以下、「ショップ」）は、独自の取組みにより差別化を図っている。

例えば、あるショップは、男性客をターゲットに、男性から女性へ贈る花に特化した。男性客でも気軽に入りやすいよう、落ち着いた外観と雰囲気の店構えとし、女性が好みそうな花を揃える。サービスとして、花びらにメッセージを書いたり、贈る相手の誕生石を入れたりもできる。

さらに、贈る相手に喜ばれる花を選べるように、あまり花に詳しくない男性客にはコンシェルジュサービスを提供。シチュエーションに合わせた花の選び方からラッピング、渡し方に至るまで、専門のスタッフが相談や要望に応えている。

(2)手間のかからない花

花のプレゼントが敬遠される理由として、水やりなど、贈られた側が手間に感じることがあるようだ。解決策として「プリザーブドフラワー」や「多肉植物」が人気である。

プリザーブドフラワーとは、生花を特殊な液の中に沈め、乾燥させたものである。生花と異なり、水やりが不要なうえ、長期にわたって瑞々しさを保てるという長所がある。ほかにも、雑菌が繁殖しない、花粉によるアレルギーの心配がないという特徴があるため、病院や保育・福祉施設など、様々な分野で需要が高まっている。

一方の多肉植物とは、肉厚な葉や茎に水分を蓄えることで、乾燥に強い植物である。水やりは必要だが、頻度は一般的な生花に比べて圧倒的に少ない。

(3)他業種との相乗効果

縮小傾向にあり厳しい業界であるとはいえ、多業種展開する企業は、ショップを運営することで相乗効果を期待できる場合がある。

学習塾や幼児教室、結婚相談所などを運営するある企業は、新規出店の際に豪華な花を使って雰囲気を演出するだけでなく、学習塾や幼児教室に通う生徒や保護者の誕生日や合格祝い、結婚相談所の利用客のカップル成立や結婚祝いなどに花を贈り、顧客満足度向上や取引円滑化に役立てている。また、従業員や取引先に対しても誕生日などのお祝い事に花を贈ることで、モチベーションの向上や取引の円滑化に役立てている。

⑰ 中小建設業界

(1) 悩みの人材不足

建設業界全体の市場規模は縮小傾向にある。

しかし、建設投資額の減少スピードを人材の減少スピードが上回っており、中小建設業界は人材不足に直面している。建設業界は元請業者が発注者と契約を締結し、元請業者から1次下請、2次下請…と下請化される重層下請構造が特徴だが、末端にある小規模建設事業者で作業員・職人が特に不足している。

人材不足の要因の一つは、重層下請構造による小規模建設事業者の受注額低下である。上位階層の業者は自社の取り分を差し引いて下請に発注するため、末端ほど受注額は低下し、人件費負担が重くなる。低賃金、社会保険未加入など労働環境の整備が不十分になることが多く、若年層の人材確保が難しい。リーマン・ショック以降に失職した人の他業界への流出や、高齢化した人材の退職も人手不足の要因となっている。

(2) 人材確保への取組み

東海地方のある中小建設会社は、業界では外注が常識とされてきた大工仕事の職人を正社員として育成。営業から設計、施工、大工仕事、アフターサービスまでの全業務を内製化している。外注する場合、外注先ごとの能力にバラつきがあり、監督する手間やコストがかかることがある。それを内製化すれば、現場に入る大工の能力を的確に把握でき、現場ごとに異なる工期や施工の難度に応じた人員配置が可能になる。

雇用の正規化により人件費が増加するため価格は他社より高い。しかし、1社で最初から最後まで責任を持ってくれるという安心・安全が顧客から評価され、受注を伸ばしている。また、正社員として大工仕事ができる数少ない建設会社ということで、ものづくりを仕事としたい学生からの採用応募も増加。若年層の人材確保も実現している。

(3) 新分野への事業拡大

主力の建設事業で伸び悩む中小建設会社の中には、新分野へ事業を拡大する企業がある。

ある中小建設会社は、建設工事に関連する見積作成、実行予算作成、発注、予算・原価管理といった一連の業務をペーパーレスで一元管理できるコンピュータシステムを開発・販売している。中小建設会社は業務帳票を紙で運用しているところが多い。そこで、ペーパーレス化による業務効率や生産性向上の効果は大きいと考え、自社用だったシステムを同規模の中小建設会社へ販売し始めた。また、新分野としてリノベーションを選んだ中小建設会社もある。リノベーションとは、新築時よりも機能や性能を向上させたり、用途を変更したりする大規模な改修工事である。ある中小建設会社は、廃業した保育園を、地元有機野菜を使った料理を提供するカフェにリノベーションした。現在では、地元に残っている卒園生を中心に、地元の各世代の人が集まる場所になっている。

⑱ 解体工事業

(1) 経営安定の取組み

建物解体工事の場合、専門業者だけでなく、産業廃棄物処理業や土木建築業を兼ねる事業者もいる。小規模業者ほど下請工事が多く、競合他社との価格競争や元請からの低価格受注の要請が厳しくなる。

元請との継続取引に対する不安から低価格受注を余儀なくされるだけでなく、工期延長・追加工事などで工事原価が増加したときに、受注額の増額交渉が難しいケースもある。下請工事が多い場合、原価低減や原価管理を強化したり、利益率の高い元請工事を増やしたりして、経営安定に取り組む必要がある。

原価低減策の一つとして、処分費や燃料費の見直しがある。廃棄物処分方法を再検討して処分費や燃料費を低減するわけだ。例えば処分費は地域の処分業者ごとに異なるので、普段利用する処分場が地域相場より割高なら、値下げ交渉や処分先変更を検討する。ほかには、1台の重機を複数現場で使い回すなどして、重機使用料の原価低減を図る企業が多い。

工事ごとに見積時と施工時の原価を対比する原価管理も有効だ。工事中の無駄な原価や見積り漏れ等を社内で蓄積・分析して、自社にとって利益を出しやすい工事の傾向がつかめれば、自社優位な工事を選ぶ選別受注につながる。

一定額以下の小規模解体工事は、発注者が建物解体工事業者に直接発注することが多いため、発注者から元請として建物解体工事を受注する企業もある。登録したインターネット上の斡旋サイトや自社サイトをきっかけに、元請として受注するケースが多い。

(2)事業の多角化

重機操作や体力仕事など、本業の強みを活かした多角化は相乗効果が高い。従来から見られる閑散期の除雪や樹木伐採等に加え、近年は有機野菜栽培、薪の生産、再生肥料・資材の製品化に進出する企業がある。共通するのは工事で排出する中古資材の活用だ。

新事業立上げに必要な教育訓練費用には助成金を利用できる場合がある。

(3)労働者確保と補助金活用

建物解体工事業では、離職者増加と、特に若年入職者減少による、労働者不足が深刻である。原因として、社会保険や労働保険に未加入の事業所があることや、仕事量が安定せず年間平均賃金が低いことなどが挙げられる。

労働者不足は、労働者一人当たりの負担増大につながり、工事品質や労働者の技能低下が危惧される。労働者確保のための、労働者の賃金・労働条件・処遇等雇用管理の改善と技能実習費用には助成金が利用できる場合がある。

⑲ 廃棄物処理業

(1) 処分からリサイクルへ

廃棄物には一般の生活から排出される一般廃棄物と、企業など事業者の事業活動により排出される産業廃棄物の二つがある。どちらも、焼却や埋立てといった「処分」による処理が減り、再資源化（リサイクル）による処理が増えている。

背景には、資源の消費抑制や有効利用（リデュース）、廃棄物にせず同じ用途での再使用（リユース）、他製品の資源としての再生利用（リサイクル）、という3Rの考えがある。

(2) 新たなリサイクルへの取組み

東海地方の企業は、家庭で不要になったパソコンや家電を宅配便で回収するサービスを始めた。利用者はインターネットでの予約後、提携先の宅配サービス会社にパソコンや家電を回収してもらう仕組みだ。

回収されたパソコンや家電から内部にあるレアメタル（希少金属）や貴金属がリサイクルされる。都市で廃棄される家電製品内部のレアメタルなどの資源は「都市鉱山」と呼ばれ、資源に乏しい日本では今後、重要な国内資源になると期待されている。

また、関東地方の企業は、使用済みペットボトルから繊維素材へのリサイクルを実現した。この企業は、不純物を取り除く独自の装置を使用し、品質にバラつきがある複数のペットボトルから純度の高い繊維素材を生産する技術を確立。繊維素材は強度や発汗性、肌触りに優れており、スポーツ用品へ活用できる。装置の開発にあたっては、日本政策金融公庫から「新事業育成資金」を使って資金調達している。

(3) 廃棄物処理の厳しい規制

廃棄物を運搬・処分する事業者は、都道府県知事等の許可を得なければならない。運搬や処分を行う際には、廃棄物処理法や条例等の法令を順守する必要がある。法令違反した場合は許可の取消処分を受けることがある。

廃棄物を運搬・処分する事業者だけでなく、廃棄物を排出した事業者の責任も重くなっている。廃棄物を排出した食品製造業者から委託を受けた廃棄物処理業者が、廃棄物を商品として転売したような事件の場合、廃棄物を回収処分する最終的な責任は食品製造業者が負うべきと判断される。

廃棄物を排出する事業者の中には、従来は伝票だけで行っていた廃棄物の運搬・処理の確認を、写真で行う仕組みに変えるところが出てきている。

⑳ 食肉卸売業

(1) 業界の現状

食生活の欧米化などによって戦後、日本国内の食肉消費は急激に伸びた。今後、長期的には人口減による消費量の減少が見込まれるものの、しばらくは堅調な需要が維持されるという見方が多い。

しかし、産地から卸売業を通さず仕入れる、いわゆる「中抜き」など食肉流通の変化から、食肉卸売業者数は減少している。食肉市場取引に依存するだけでは生き残りが厳しい状況になっている。

(2) 現状を打破する取組み

新たな仕入れ・販路開拓や付加価値の高い商品開発で、現状を打破しようとする動きがある。

①利益率の高いブランド肉を扱うことによって、利益率と自社のブランド力向上を図る

②食肉市場を通さない産地からの直接仕入経路を開拓することで、ブランド肉を扱いやすくしたり、中間マージンカットによる利益率向上を目指したりする

③豊富な食肉知識をベースに、付加価値を高めたハムやソーセージなどの新たなオリジナル加工肉食品を生産し、従来から取引がある小売店や飲食店に販売する

④焼肉店を兼業し、小売業者を通さず直接消費者へ食肉を販売することで、利益率向上を目指

す。「豊富な食肉知識」「牛一頭買い」などによって、希少部位など珍しい食肉を提供することは、消費者の満足度向上にもつながる

③や④などで仕入量を増やせば、産地からの直接仕入れをしやすくなるという効果も見込める。

(3) 補助金の活用

こだわりの原材料を用いたソーセージ製造のための腸詰装置や燻製機の導入など、取扱商品の付加価値を高める取組みに対しては、ものづくり補助金を活用できる可能性がある。小売店や飲食店向け販売促進用宣伝チラシの作成は、小規模事業者持続化補助金の対象となる可能性がある。各自治体でも中小企業向けの補助金を用意していることがある。

㉑ パン小売店業界

(1) お悩み解決で売上増加

近隣の主婦顧客に多く利用されていた都内のあるパン店では、顧客の悩みに対応したことで売上を増加させた。

「近くの肉屋が閉店し、コロッケを買えなくなった」という主婦顧客の悩みを聞いた経営者は、これを解決できないかと考え、カレーパン用に使っていたフライヤー（油で揚げる装置）でコロッケを揚げ、単品で販売を始めた。手ごろな価格とボリュームが好評で、現在では、主婦顧客だけでなく、学校帰りの高校生にも人気を博している。

主婦顧客がパンだけでなくコロッケを買うようになり、客単価が増加した。さらに学校帰りの高校生という新規顧客も獲得でき、結果として売上の増加につながっている。

(2) リニューアルに助成金を活用

まだ来店したことがない通行客に入店してもらうには、魅力的な外観が大切だ。同じ顧客に何度も通ってもらうには、店舗内の変化も必要である。そのために、外観や店舗内の定期的なリニューアルを行っているパン店がある。

ここでのリニューアルは、一般的な設備の修繕ではない。パン店でよく見かける4～5段のパン棚を1段のものにして、すべての商品を見やすくする、パンの香りが外に出るように窓の位置や形を変える、焼きたてのパンを味わえるようにイートインスペースを設けるなど、「入ってみたくなる」店舗改革である。

従業員が5名以下であれば小規模事業者にあたるため、店舗改革や販路開拓等の取組みが対象となる「小規模企業持続化補助金」を利用できる可能性がある。

(3)農商工連携による特産品の共同開発

先述のような悩みの解決や店の改革、販路開拓等は、小売業だけでは対応が難しい場合がある。そんなとき、農林漁業者と商工業者がそれぞれの強みを活かして新商品や新サービスを開発・生産し、需要を開拓する「農商工（農業・商業・工業）連携」という異業種連携の活用が考えられる。農商工連携の最初のハードルが連携相手を見つけることだ。独立行政法人である中小企業基盤整備機構（略称：中小機構）では、中小企業者の事業活動活性化のために全国の地域本部や事務所に相談窓口を設置し、連携相手のマッチング支援や、連携計画の策定支援、認定後のフォローアップ支援を行っている。

奈良県のあるパン店（商業）では、ＪＡや農産物直売所（農業）と連携し、地元産の黒大豆をつぶれないように手作業でパン生地に混ぜた無添加の「黒豆パン」や、地元産のきな粉を使用した「きな粉食パン」といった特産品を共同開発した。これらのパンはパン店で販売するだけでなく、農産物直売所にも納品して販売することで、販路開拓につながっている。さらに、農産物直売所でパンを購入した新規顧客がパン店にも来店し、新たな常連客の獲得にも結びついている。

㉒ 自動車整備業界

(1) 魅力向上による人材確保

自動車整備業界の人材不足が深刻化している。若者の自動車離れの影響が強く、特に若い男性の確保が進んでいない。全国の自動車整備学校への入学者数も減少し、今後も若い男性の人材不足は進むと予想される。

そこで、人材確保へ向けた様々な取組みが進められている。その基本方針は、国土交通省が公表する「自動車整備要員の人材確保・育成に関する対策の方向性」にまとめられている。

・力仕事の軽減や職場環境の改善による「3K（きつい・危険・汚い）」のイメージの払拭
・右記を通じた女性整備士の積極的な採用
・「自動車整備技術コンサルタント」「スーパーアドバイザー」等の資格の新設による整備士の魅力向上
・小中学校への出前授業や高校・専門学校での勧誘活動の推進

(2) 高度化・複雑化への対応

近年、電子機器等の発展等に伴い、自動車の高度化・複雑化が進んでいる。車載カメラ・画像処理技術の向上による、被害軽減自動ブレーキ・周辺視界情報提供装置等の安全技術、ハイブリッドカー・電気自動車、燃料電池エンジン等の省エネ技術の開発・実用化などである。

自動車の高度化・複雑化が進むと、従来の勘と経験に頼った「見て・触って・感じる」整備では追いつかないため、高度な技術を活用した整備にシフトしている。エンジン内部や電子機器系統を外部から計測し、パソコン上にエンジン制御状態を表示する「スキャンツール」の導入、インターネット上で即時に車種別の最新整備情報を検索・入手できるＦＡＩＮＥＳ（自動車整備情報ネットワーク）への加入等である。

(3)再使用部品拡大の動き

リサイクル業者と共存し、整備時に発生する使用済み部品の再使用（リユース）を進める動きが強まっている。ディーラーや整備業者に引き取られた使用済み自動車は、リサイクル業者が有価部品や再使用可能部品を抜き取った後、破砕業者へと引き渡される。

リサイクル業者は、抜き取った再使用可能部品の残存寿命保障など、部品の信頼性や認知度向上を図ると同時に、整備事業者への流通網を整備し、リユースの拡大を目指している。整備事業者は信頼性の高い再使用可能部品を使うことで、環境に配慮しているという訴求による業界イメージの向上、コスト削減などを進めている。

㉓自転車販売店業界

(1)補助金と修理サービス

最近普及してきた幼児二人同乗用自転車は、一人乗り自転車と比べてこぎ出しが重く、重心も高くなるため、安定性が低い。それを補うため、電動アシスト付きの幼児二人同乗用自転車が注目されているが、10万円前後と高価である。

また、自転車事故が増加する中、電動アシスト付き自転車や乗車時のヘルメットのニーズも高まっている。

幼児二人同乗用自転車の主な用途である送迎や買い物の途中で、タイヤパンク等の故障が発生した場合、修理に慣れていない人が迅速に対応することは難しい。その難しさが自転車普及の障害になる可能性がある。

そこで、タイヤパンク等の出張修理をする販売店が増加している。出張料無料や24時間対応など、他の出張修理サービスとの差別化を図る販売店もある。

(2)「選ぶ」「見せる」楽しみの提供

近年、自転車専門の大手チェーン店が店舗数を伸ばすとともに、ホームセンターや量販店も自転車を販売している。これらの販売店は、低価格での大量仕入れ・大量販売に特徴があり、それができない中小販売店の経営環境は厳しい。

そこで、価格競争を避け、様々な楽しみの提供で差別化を図る中小販売店が見られる。自転車マンガの人気や健康志向の高まりを背景に、ロードバイクなどの専門車に特化した販売店は多い。販売店主体でチームを作り、早朝サイクリングなどのイベントや各地の大会に参加することで、販売店を中心としたコミュニティを形成し、リピーターを増やしている。

ある販売店には、フレームと呼ばれる車体や、ハンドル、サドル、ペダルからネジの一つひとつに至るまで、パーツの色や形を自由に選び、自分だけのオリジナル自転車をオーダーするサービスがある。オンラインカタログからパーツを選び、色や形の組み合わせを自由にシミュレーションできる仕組みになっているのだ。

さらに、購入者のオリジナル自転車を販売店のウェブサイト上に掲載し、デザインコンテストを行うなど、「選ぶ楽しみ」「見せる楽しみ」を提供している。

㉔ 家具販売業

(1) 家具販売市場の動向

家具の需要に影響する要因に、①住宅関連、②ブライダル関連、③入学関連がある。このうち住宅関連を見ると、新設住宅の着工戸数はリーマン・ショックの影響により一時落ち込んだものの、近年は回復基調にあり堅調に推移している。

一方、ブライダル関連では未婚化・晩婚化が進んでいる。婚姻件数は昭和47年にピークを迎えた後に増減を繰り返しながら減少傾向である。

入学関連では、小学校入学時の学習机など子どもの成長に合わせた家具の購入が期待できる。しかし、近年は少子化のため子どもの数が減少していること、さらに一人あたりの学習費用も微増にとどまっている状況であることから、家具市場の需要の拡大にはつながっていないと考えられる。家具の需要を大きく増やす要因が少なく、国内の家具販売額は減少傾向にあり、市場も縮小傾向にあると考えられる。

しかし、家具の企画から製造、物流、販売、アフターサービスまでを一貫して自社で行う製造小売業の会社は、縮小傾向の家具販売市場で売上を伸ばしている。自社製品を自社店舗で販売する製造小売業は、製造や卸にかかる流通・物流コストを低減できることから、減らせたコストの範囲内で商品を安く販売しても利益を確保できる。販売も製造も自社で行うため、販売で把握した消費者ニーズを製造に反映できる強みもある。

生活雑貨の販売を中心にしてきた会社も家具販売市場へ参入しており、縮小傾向の市場の中で競争環境が厳しくなっている。

⑵消費者ニーズの変化への対応

近年では、家具に対する消費者ニーズに変化が現れている。できるだけ環境への負荷が少ない商品を購入したいという、いわゆる「グリーン購入」を希望する消費者や、品質の良いもの、他の人と違うものを購入したいというこだわりを持つ消費者などが増えてきている。

環境意識の高まりに対応して、中古市場に注目した家具販売会社がある。中古家具専門の店舗を展開し、本格的に中古家具の販売事業に取り組もうとする会社もあるほか、中古家具を下取りすることで買替需要の取込みを狙っている会社もある。

家具の品質は専門家でない消費者には分かりにくい部分があることから、家具のどういった点に気をつけて購入すべきかについて講座を開いている会社もある。講座を通じて消費者に商品知識を提供するだけでなく、自社や家具への愛着を深めてもらい、来店や販売につなげようとしている。

㉕ 住宅・不動産業界

(1) 住宅市場のテコ入れ

政府は低迷する住宅市場のテコ入れを図るため様々な施策を行っている。

例えば消費増税による負担増軽減のため、一定以下の年収の人がローンを利用して住宅を購入すると、「すまい給付金」が受け取れる制度もある。

住宅ローンの残高の一部を税額控除できる住宅ローン控除や、住宅取得資金の贈与を親などから受けた場合の贈与税の非課税枠活用、相続予定財産を生前贈与する場合の相続時精算課税制度など、税制面での特例もある。

(2) 空き家の撤去や活用

倒壊や不審火の原因にもなるなど、空き家は社会問題になっている。政府は「空き家対策特別措置法」を施行し、次に挙げるような対策を実施している。

・市区町村に対する特定空き家の除却・撤去の権限の付与
・住宅用地の固定資産税軽減措置からの空き家の土地の除外

一方で、空き家の増加をビジネスチャンスとして活用する事業者がいる。所有者に対して、次のような提案が増えている。

・売却

・耐震などの診断
・リノベーション（大規模改修工事による高付加価値化）

(3)賃貸住宅の入居率アップ活動

景気の回復、低金利、相続税の増税などを背景に、賃貸住宅の建設が堅調だ。世帯数に対して供給過剰感さえある。

人口減少時代を迎え、入居率アップのため不動産管理業者（ＰＭ）の役割が重要性を増している。入居者を増やすためにＰＭは、セキュリティ面の向上や共用部への椅子の設置、正月など季節イベントでの飾り付けなどによる付加価値向上に努める。

退去者を減らすため、住民の騒音、家賃滞納、設備の不具合などのトラブル対応も重要である。迅速なトラブル対応のため、年中無休でオペレーターを配置し、24時間現場に急行できる体制をとるＰＭが増えている。

賃貸住宅を建設しても、空き室では相続税を節約できず、建設費回収もできない。人口減少時代の賃貸住宅経営には、入居率アップのための対策が必要である。

㉖ 介護施設業界

⑴収入・支出の特徴

介護施設（以下、施設）経営の収入には、介護保険適用（以下、保険適用）収入と介護保険適用外（以下、保険外）収入がある。

保険適用サービス料金は、介護報酬として、サービスごとに介護保険制度で決められている。サービスを強化しても、介護報酬に上乗せした料金を請求することはできない。例えば、介護報酬が４０００円と決められたサービスを提供した場合、１割の４００円を利用者に、残り９割の３６００円を介護保険に請求する。サービス環境を良くした同じサービスを４５００円と設定しても、上乗せ分５００円はどこにも請求できないのだ。

一方の保険外サービスならば、介護報酬よりも高いサービス料金を設定し、全額を利用者に請求することが可能である。そのため、手厚い介護や食事、訓練機器と併用した機能回復・けが予防など独自の工夫をして、保険外サービスを強化している施設がある。

介護施設経営の支出は、人件費が占める割合が高い労働集約型の面と、建物や設備機器にも高額の投資をしなければならない資本集約型の面がある。人件費抑制のための過度な職員抑制は、職員確保の困難とサービスレベルの低下を招くため、適材適所の職員配置などの工夫が必要になる。

なお、入所型は建物の自己所有が要請されるが、通所型は不動産の賃貸が可能である。

(2) 職員の安定的な確保

労働環境面や処遇面の悪さから、職員の安定的な確保が施設の課題になっている。

労働環境面には、腰痛などの体調不良問題、交替勤務と家庭の両立問題などがある。この点、高出力モーター搭載の装着型ロボットスーツ（以下、スーツ）の導入で体調不良問題に、交代勤務廃止と勤務日数を減らした夜勤専門職創設で両立問題に対策した例がある。小型で軽量なスーツを着用することで、同性介護が求められるものの身体負荷が大きい入浴介助などを女性職員でもできるようになった。また、勤務日数を減らした夜勤専門職の創設で、家庭の事情で退職する予定だった職員が仕事を続けられるケースが増えた例もある。

処遇面には、成長を実感できずに労働意欲が下がる問題などがあるが、キャリアアップ制度を導入して労働意欲が下がる問題に対応した例がある。キャリアアップ制度では、独自の試験で、職員の技能や知識を専門分野ごとに格付評価する。試験に合格すると、昇給や格付別職員証着用などが可能となり、成長を実感できるようにしている。

㉗ サ高住運営事業

サービス付き高齢者向け住宅（以下「サ高住」）は、高齢者（単身・夫婦世帯）向けに民間企業が運営する賃貸住宅である。一般的な賃貸住宅と異なり、都道府県の認可・登録が必要で、バリアフリー構造や見守りサービスが義務化されている。長期入院を理由とする事業者（貸主）からの一方的な解約の禁止など、高齢者が安心して暮らし続けられる措置が講じられている。

(1) 拡大予定のサ高住

介護や生活支援サービスの付いた高齢者の住まいには、要介護者の自宅復帰を目指す老人保健施設（老健）やより重度な要介護者向けの公営特別養護老人ホーム（特養）がある。しかし、老健は入居できる期間が最長半年程度に限定。特養は入居に数年かかるといわれており、安心して住み続けられる状況ではない。

そこで、高齢者が介護や生活支援サービスを受けながら住み続けられるように創設されたのが、サ高住である。社会保障審議会の資料によると、サ高住は、平成28年度1月時点で14万6544戸が登録されている。政府は今後、平成32年までに全国で60万戸を整備する計画である。

(2) サ高住のサービス提供体制

サ高住に入居した時点で自立している高齢者も、時間の経過とともに身体・認知機能の低下により自立した生活を送ることが難しくなる。介護が必要となった入居者に対して、サ高住運営事業者は義務化されている見守りや相談サービスに加え、安心して暮らし続けるための医療・介護サービスの提供・充実を進めている。

サ高住運営事業には、医療法人、介護事業者、不動産業者やハウスメーカー等、様々な業種が独自の強みを活かし参入している。医療法人はクリニック、介護事業者は訪問介護や通所介護をサ高住に併設するなど入居者の必要に応じ、自前で医療・介護サービスを提供できる強みがある。

自前でそうしたサービスを提供できない不動産業者やハウスメーカーは、駅前で利便性の高い物件や大型物件をサ高住に転用して差別化。同時に、患者や介護保険サービスの利用者を獲得したい他の医療機関や介護事業者と連携して医療・介護サービスを提供している。夫婦でサ高住に入居するケースが増える事態に備えて、二人部屋のサ高住を増やすなどの対応にも、不動産業者やハウスメーカーは強みを発揮できる。

㉘ シェアハウス業界

シェアハウスとは、リビング、キッチン、バス、トイレなどを共有しながら一つの住宅で共同生活する賃貸住宅である。海外留学でシェアハウスを経験する人が増えたり、テレビで話題になったりしたことで、近年、身近になっている。

(1) シェアハウスの魅力

入居者には、共同生活による出会いや交流と生活開始費用の安さが魅力である。敷金・礼金・仲介手数料が必要ないシェアハウスや家具・家電が備え付けであるシェアハウスが多い。

オーナーには、高い収益性が魅力である。一つの賃貸住宅で複数の入居者から賃料収入を得ることで、面積当たりの賃料単価が高くなる。常に複数の入居者がいれば、一人の入居者が退去したときに賃料収入がゼロになる賃貸物件に比べて、収入の安定性も高まる。社会的には、空き家をシェアハウスへ転用できることが魅力である。

(2) 開業資金と運営方法

法的要件を満たしていない脱法ハウスが社会問題になって以降、金融機関のシェアハウス開業資金への融資条件は難しくなった。安全基準や建築基準法等の法的要件を満たすことが、シェアハウス開業資金融資条件の一つになっている。

シェアハウスはサブリースで運営していることが多い。サブリースでは、建物のオーナーが管理会社へ物件を貸し出し、管理会社がシェアハウスとして管理・運営する。オーナーは、管理会社に管理手数料を支払い、入居状況に関係なく毎月一定の保証賃料を得ることが一般的である。

入居者の入れ替わりが多く外国人の利用も考えられるシェアハウスは、近隣トラブルの発生可能性が高く、管理・運営負担がなくなるメリットは大きい。管理会社は、住宅を購入するリスクを回避して、管理収入を得られる。管理・運営だけを管理会社に委託する管理委託やすべてをオーナーが行う自主管理もある。

(3) コンセプト設定と入居者確保

シェアハウス物件数は増加傾向だが、首都圏では飽和状態である。コンセプトを設定し、ライフスタイルを提案することが、入居者の確保につながる。

例えば「起業志望者の支援」というコンセプトを設定したシェアハウスがある。共有スペースに複合機やシュレッダー等のオフィス設備からセミナールームまで完備し、シェアハウス内でビジネスプランコンテスト、ビジネス系セミナー等を定期開催している。「シングルマザーの子育て支援」というコンセプトを設定したシェアハウスもある。チャイルドシッターによる食事の準備や子どもの面倒をみる支援サービスが提供される。子ども同士が遊んだり面倒をみあったりすることも育児負担軽減につながり、仕事と子育てを両立しやすくなっている。

※本書は、2015年～2018年に発行された雑誌『近代セールス』において、㈱経営教育総合研究所が連載していた記事を転載・加筆等したものです。

[ビジュアルで理解]
取引先の現場の
見方・聞き方マニュアル

2018年9月10日　初版発行

著　者……………………㈱経営教育総合研究所
発行者……………………楠　真一郎
発行所……………………株式会社近代セールス社
http://www.kindai-sales.co.jp/
〒164-8640　東京都中野区中央1-13-9
電話　03-3366-5701
FAX　03-3366-2706
印刷・製本……………壮光舎印刷株式会社
表紙デザイン…………株式会社明昌堂

※乱丁本・落丁本はお取り替えいたします。

　ISBN 978-4-7650-2121-0